国际研究型合作组织合作创新研究

张秋英 著

中国纺织出版社

图书在版编目（CIP）数据

国际研究型合作组织合作创新研究 / 张秋英著 . -- 北京 : 中国纺织出版社，2018.7

ISBN 978-7-5180-3668-4

Ⅰ . ①国… Ⅱ . ①张… Ⅲ . ①国际组织－合作组织－研究 Ⅳ . ① D813

中国版本图书馆 CIP 数据核字（2017）第 126778 号

责任编辑：汤 浩　　　　责任印制：储志伟

中国纺织出版社出版发行

地址：北京市朝阳区百子湾东里 A407 号楼　邮政编码：100124

销售电话：010-67004422　传真：010-87155801

http://www.c-textilep.com

E-mail:faxing@e-textilep.com

中国纺织出版社天猫旗舰店

官方微博 http://www.weibo.com/2119887771

北京虎彩文化传播有限公司　各地新华书店经销

2018 年 7 月第 1 版第 1 次印刷

开本：710 × 1000　1/16　印张：12.5

字数：205 千字　　　定价：59.00 元

作者简介

张秋英，女，1978年2月出生，天津人。2012年6月毕业于天津财经大学，获经济学博士学位，国际贸易专业。现为天津财经大学人文学院外语系讲师，主要研究方向为：国际商务、国际贸易、商务英语。目前主讲课程包括：《国际商务》、《国际经济技术合作》、《商务英语》等。曾在核心刊物上发表多篇国际贸易、国际商务类学术论文。曾主持并参与多项国家级、省部级等科研项目。曾参编多部国际商务英语和国际贸易类教材。曾于2009年和2015年赴美国和澳大利亚的高校进修访学。曾获天津市青年教师教学基本功竞赛三等奖。其指导的学生也曾在全国外语竞赛中获奖。

序　言

国际经济的竞争已经逐渐演变为各国自主创新能力和科技进步速度的竞争。经过改革开放几十年的发展，中国经济取得了举世瞩目的成就，经济总量居世界第二位、货物贸易总量居世界第一位，这与对内改革、对外开放的大战略息息相关。区域高密度地集合了某些特定产业的企业和机构，形成产业聚集效应，使产业与区域有机结合，成为一种新型的、高效的产业组织形式，不仅促进了各个相关企业 / 机构扎根于该区域，并嵌入当地包括经济、社会、文化、政治等方面的各种社会关系网络，从而促进了产业根植性发展。

本专著的研究价值在于从理论上阐述 RJVs 合作创新的功能、制度、绩效之间的互动关系，探讨 RJVs 的合作创新机制及对研发转化的内部和外部绩效的影响，通过优化投资贸易方式，特别是 RJVs 对于研发功能转化基地建设方面，研究合作创新向自主创新过渡的相互作用关系，从而促进 RJVs 相关理论的研究与发展。从实践上该研究为促进区域协调发展，实施主体功能区战略，积极参与“一带一路”建设及全球经济治理和区域合作，以开放促发展、促改革、促创新、促竞争等社会经济发展问题提供理论参考和现实分析，为实现到 2020 年我国科学技术发展的总体目标，进入创新型国家行列，成为世界科技强国的相关研究做出了积极而有效的学术研究贡献。

目前，对于 RJVs 合作创新制度、研发转化绩效、贸易投资功能组合及自主创新之间的作用路径研究尚存在盲点。本专著构建 RJVs 区域、产业、企业多层面发展的功能、制度及绩效的逻辑分析框架，分析合作创新的 FDI 发展路径及溢出效应的作用机理，在一定意义上，该研究填补了目前我国学术界对 RJVs 相关研究的空白。

本专著作者张秋英，经济学博士毕业，目前在天津财经大学人文学院外语系工作。多次赴国外大学做访问学者，多次参加国内外相关专业的学术会议及论坛并发表论文。张秋英博士的研究领域为国际贸易、国际商务及商务英语，并长期从事该领域的研究工作，成果突出。曾参与完成多项国家社科项目及几省部级科研项目，在国内外核心期刊发表论文数十余篇。

对于研究中的难点之一实证研究问题，希望在今后的研究中尝试通过对已有的外文实证文献的相关数据进行梳理和引用，来验证本书的模型效果及分析结论。同时更加深化对 RJVs 合作创新的多领域研究。

齐欣

于天津财经大学

2017 年 1 月 25 日

目 录

CONTENTS

第1章 导论

第2章 文献回顾

第1章 导论

第1章 导论

本书基于国际贸易和国际经济合作的基本原理和思想，结合西方经济学理论的分析方法，以区域经济、产业根植、企业合作为研究视角，借鉴发达国家合作创新的先进经验，尝试分析研究型合作组织（Research Joint Ventures，RJVs）作为新型的合作创新模式和利用外资方式在功能、制度、绩效之间的内在关联与互动效应，进而探讨RJVs合作创新的制度安排、研发转化、利用外资路径选择以及贸易投资互动机制对我国企业创新、产业提升、经济发展的自主创新经济战略决策的重大作用。

1.1 研究背景和意义

1.1.1 研究背景

当今的世界经济进入了一个全新的大调整时期。全球经济低速增长，供求结构变化较大，世界经济及国际贸易发展的不确定性增大，贸易保护主义倾向日趋加强。国际经济的竞争已经逐渐演变为各国自主创新能力和科技进步速度的竞争。此时中国经济社会正在经历一场深刻的变革。中国经济正在实现经济发展总体方式的历史转型，包括节约能源资源、保护改善环境、产业优化升级、分配合理公平、人民生活水平和生活质量不断提高等。因此，加快转变经济发展方式是当前我国经济社会发展的主线和核心内容。而加快转变经济发展方式并不仅仅意味着经济增长方式的转变，更重要的是解决经济与人、经济与社会、经济与资源、经济与环境、经济与政治、经济与文化等一系列多个层面的问题，它将贯穿于经济社会发展的全过程。那么，经济结构调整和增长方式转变的切入点就是自主创新的国家发展战略的实施。

纵观世界经济发展，人类社会经济活动在空间分布上不均衡，产业活动呈现出源于“接近”而聚集于某个地区的发展趋势。在经济全球化的背景下，作为空间载体的“区域”成了真正意义上的经济利益体（冯薇，2008），其高密度地集合了某些特定产业的企业和机构，形成产业聚集效应，使产业与区域有机结合，成为一种新型的、高效的产业组织形式，不仅促进了各个相关企业/机构扎根于该区域，并嵌入当地包括经济、社会、文化、政治等方面的各种社会关系网络，从而促进了产业根植性发展。从美国硅谷高科技产业群、波士顿128公里微电子产业群、底特律汽车制造业群、纽约华尔街金融投资群，到意大利都灵自动化设备群、德国索林根刀具群，再到印度班加罗尔地区软件业群；从我国北京中关村电子产业群、四川西昌中国航天业群、山东青岛家电业群，到陕西西安高科技产业群、云南昆明烟草制造业群，再到内蒙古自治区乳品加工业群，世界各国的经验表明，一个国家或地区竞争力的关键往往由这些“区域产业”支撑，依靠区域内在制度，在市场机制的调控下通过微观主体（区域内企业 / 机构）自组织行为功能的发挥，在政府的协同、引导作用下，促进根植于该区域的产业蓬勃发展，进一步带动区域和国家经济繁荣。因而，自主创新国家战略目标实现的最重要的途径就是区域产业创新，主要包含产业技术创新和产业组织创新两个层面。

区域产业创新的具体实施者是区域内相关产业的企业（组织），只有依靠主体企业的研究开发和市场实现，才能带动产业的创新和升级。随着市场竞争国际化与一体化进程的不断加剧，随着科技迅猛发展不断提高生产效率、缩短产品生命周期，随着最终用户个性需求不确定性的增加，企业为了保持其市场竞争力，就必须不断改进产品质量、降低生产成本、缩短产品的研发时间。但要达到这些目标，仅靠企业自身“单打独斗”是无法完成的。于是，企业就必须在整合自身核心业务能力的基础上，利用外部的相关资源，与其他相关企业或机构联合协作创新，充分发挥各个相关企业或机构的核心优势，实现“创新合作多赢”的市场竞争力。因而，传统的企业之间的竞争关系便逐渐转变为企业 / 机构之间的合作关系。于是，由两个或两个以上的组织（企业）为了从事研究开发而共同形成新的组织（企业），它们在研发阶段合作创新，在产出阶段竞争比拼，这就形成了研究型合作组织(Research Joint Ventures，RJVs，也有学者翻译为研究型合资企业)。在发达国家蓬勃发展起来的 RJVs 是一种全新的企业组织形式，一种灵活的投资方式，一种有效的创新路径。

1.1.2 研究意义

面对国家经济可持续发展的自主创新的战略目标，我国的现实国情是，从科技方面看，科技总体水平偏低，技术对外依存度较高，对引进技术的消化吸收能力不足，自主创新能力不强。从企业角度看，企业技术研发投入严重不足，我国 2010 年大型工业企业的研发经费仅占主营业务的 0.93%，远远低于国际标准，技术成果转化比较困难，科技与经济脱节的现象还相当普遍；同时企业对技术创新的认识不充分，投入欠缺，人员严重流失。从政策制度看，鼓励科技自主创新的经济政策体系不完善，对产权制度改革和现代企业制度的培育不到位，使企业缺乏进行自主创新的内在机制，企业的自主创新失去了动力和激励；融资制度不规范，税收制度不合理，市场经济体制不完善，还没有形成系统的市场运行机制、价格体系和调节机制、市场准入和退出机制等。从法律角度看，技术创新的法律保证制度明显不足，没有形成一套以知识产权保护法为核心的鼓励企业技术创新的完备的法律体系。

因此，本书的研究意义体现在：

（1）理论上，本书以国际经济合作、区域经济发展理论为基础，运用竞争优势理论、增长极理论、中心外围理论、国际贸易理论、投资理论等，从推动产业根植发展的 RJVs 的功能出发，阐述 RJVs 合作创新的功能、制度、绩效之间的互动关系，探讨 RJVs 的合作创新机制及对研发转化的内部和外部绩效的影响，研究提高自主创新能力的 RJVs 模式对区域创新系统的要素主体、项目类别、动态运行过程和系统特征的影响。通过优化投资贸易方式，特别是 RJVs 对于研发功能转化基地建设方面，从理论的高度，研究合作创新向自主创新过渡的相互作用关系，从而促进 RJVs 相关理论的研究与发展，对提出自主创新政策建议具有重要的理论意义。

（2）实践上，相关研究将为我国加快形成消费、投资、出口协调拉动经济增长新局面，促进区域协调发展，实施主体功能区战略，积极参与全球经济治理和区域合作，以开放促发展、促改革、促创新、促竞争等社会经济发展问题提供理论参考和现实分析。同时，通过对 RJVs 合作创新的研究，从发展起点的可持续性、稳定性的视角，为清除我国区域经济推进过程中的制度障碍、寻找工业化形成过程中的创新路径、实现较高的研发转化绩效及推动国家创新系统完善等提供理论指导和实证检验。实现由要素组合向创新资源组合的转变，提高生产要素能级，整合区域内外资源，合理布局支撑产业和支柱产业，培育自主创新源，实现对外技术依存度低于30%及经济可持续发展，形成世界新经济圈中的核心地位，实现到 2020 年我国科学技术发展的总体目标，即进入创新型国家行列，为成为世界科技强国奠定基础并实现快速赶超战略。

1.2 研究的理论基础

区域经济功能的演化是建立在不同产业要素基础之上的，因此，本书尝试提出区域经济将逐步演化为建立在 RJVs 合作创新机制上的经济功能区，并对研发转化过程产生推动作用，提升技术的扩散效应，强化贸易投资组合的功能，从而加快改革开放和自主创新进程。该观点可以通过历史经验给出逻辑解释，即功能、制度和绩效在产业经济发展中的互动作用，促进 RJVs 合作研发、贸易投资牵引、产业根植性发展及区域创新。本书的研究涉及国际贸易理论、国际经济合作理论、国际分工理论、区域经济发展理论、创新理论、产业组织理论、投资理论、开放经济理论等。现将与本专著研究关系最密切的理论梳理如下：

1.2.1 国际经济合作理论研究概述

（1）马克思关于合作的论述。马克思在《资本论》中关于合作与分工的论述，可以看作经济发展、产业提升的原因和企业竞争优势形成机理的理论基础，其中一些经典性论断也可以作为研究区域产业根植发展、企业协同创新的理论依据。

对于什么是合作的问题，马克思说："许多人在同一生产过程中，或在不同的但互相联系的生产过程中，有计划地一起协同劳动，这种劳动形式叫作协作"，是"由许多力量融合为一个总的力量而产生的新的力量"（马克思，《资本论》第一卷，362 页）。这里协作等同于合作。

对于合作可以产生怎样的经济效应这个问题，马克思在《资本论》第一卷中系统地分析了建立在一定生产规模基础上的简单合作比分散的个体生产更加具有多方面的优越性，认为合作可以节约生产资料，可以创造出一种新的集体力量，可以增长劳动技能，可以使劳动具有连续性，可以使不同类型的工作同时进行，也可以相对地缩小生产领域。

（2）国际经济合作的贸易——投资理论。由于国际经济合作源于国际直接投资和国际间接投资，因此最初的研究大量借鉴了这两种理论。随着世界经济的深化和国际贸易的蓬勃发展，在实践中国际经济合作与国际贸易密切结合起来，从而产生了国际经济合作的贸易投资理论。除了曼德尔的自由贸易与国际投资（国际资本流动）完全替代理论，还主要包括以下两种理论：

① 边际产业扩张理论。20 世纪 70 年代末，日本经济学家小岛清运用比较优势原理将贸易与对外直接投资结合起来，分析了对外直接投资的贸易效果，提出了对外直接投资的国际产业扩张理论。该理论基于以下基本命题：①赫克歇尔——俄林（H—O）模型的基本假设是合理的；②凡是具有比较成本优势的行业，其比较利润率也较高。边际产业是指在东道国处于显著比较优势然而在本国已经处于比较劣势的产业。一国应该从本国的边际产业开始对外直接投资，这样可以使东道国凭借其比较优势进一步扩大与本国之间的比较成本差距，进而实现国际贸易数量和收益的最大化。

② 重合产业转移理论。该理论认为，发展中国家在技术构成上与发达国家相类似的产业被称为重合产业，发展中国家重合产业产品较发达国家具有较低的价值投入（主要源于发展中国家劳动力价值较低），于是导致在相同的国际市场价格下，发展中国家重合产业拥有更高的利润。继而，发达国家做出相应的产业结构调整，主要通过加速重合产业的技术进步、提高其附加值或将这部分产业转移到发展中国家去。现实中，加速技术进步所增加的边际成本往往高于边际收益，于是发达国家重合产业必然选择国际产业转移的道路。因此，国际产业转移实际上是国际产业贸易发展的结果。

（3）国际经济合作的投资——竞争理论。① 投资诱发要素组合理论。投资诱发要素组合理论从投资国和东道国两方面，综合考察了国际直接投资的决定性因素，指出任何形式的国际直接投资都是在投资直接诱发要素——主要包括劳动力、资源、技术、管理、信息等各类生产要素和间接诱发要素——主要包括投资国政府的鼓励性投资政策和法规、东道国稳定的政局、对外资的优惠政策、完善的基础设施、世界经济形势、全球性产业结构调整、科技发展、金融市场利率和汇率波动等组合作用下发生的。直接诱发要素是发达国家对外直接投资的主要动因，因为它们通常拥有资本、技术、管理等优势；而发展中国家的对外直接投资常常是间接诱发要素发挥作用。该理论的不足之处在于，仅在静态层面分析国际直接投资的决定因素，而没有从动态层面研究国际直接投资的发展过程。

② 波特的国际竞争优势理论：美国著名的经济学家迈克尔·波特从现代跨国公司管理机制的角度出发，对跨国公司国际直接投资经验和规律进行了归纳和总结，开辟了有关国际直接投资理论研究的新模式。波特认为，企业价值创造的过程是由一系列互不相同但又相互关联、相互依存的活动所构成的一个系统。各国和地区的比较优势体现为在这个系统价值链上的某个特定环节的优势，于是形成国际分工。

该理论还将国家经济发展分为生产要素驱动、投资驱动、创新驱动和财富驱动四个阶段，并分析认为国家处于创新驱动阶段时，该国的企业凭借高技能的劳动力和强大的创新能力获得极大竞争优势，控制差异化产品的国际生产和市场。

1.2.2 投资理论研究概述

（1）国际直接投资理论：20 世纪 60 年代后，世界各国学者纷纷对国际直接投资理论展开研究，形式多样角度多元，但基本上可以划分为微观理论和宏观理论两个部分。

① 国际直接投资的微观理论概述：20 世纪 70 年代中期后的国际直接投资理论的研究，主要从厂商寡占行为的角度解释国际直接投资的发生机理，在不完全竞争、寡占者相互依赖及厂商垄断优势等假定的基础上，国际直接投资理论逐步发展成为国际经济学中一支独立的理论。其微观理论主要包括以下几种：

第一，垄断优势理论。美国学者海默 1960 年在《国内企业的国际经营：关于对外直接投资的研究》一文中首次提出垄断优势理论，这是最早专门研究对外直接投资的理论。该理论提出，国内企业到国外直接投资的动因在于企业拥有垄断优势，在不完全市场的前提下，企业凭借其垄断优势能够最大限度地克服海外经营的政治、经济、法律以及文化差异所形成的不利影响，在国外获得更大的利润。企业垄断优势主要表现在高水平的知识资产（如专利、管理能力、融资能力等）、产品优势（如商标、营销、产品差异、价格等）、企业内部或外部规模经济。

继海默之后，以约翰逊、凯夫斯、尼克博克为代表的西方学者从不同的角度在该理论框架下展开研究，进一步充实和发展了垄断优势理论。但是，由于垄断优势理论的研究方法主要为经验分析，实证分析不足，同时，该理论只较好地解释了西方发达国家企业之间相互投资的现象，无法说明发展中国家企业在不具备垄断优势条件下的对外直接投资行为，造成该理论缺乏普遍的指导意义。

第二， 内部化理论。科斯 1937 年发表的论文《企业的性质》认为，市场制度在运行中存在交易费用，企业内部交易替代市场交易以降低交易费用。20 世纪 70 年代中期，英国经济学家巴克利和卡森将科斯的思想引入国际贸易和国际投资领域，用来解释跨国企业的形成和对外直接投资的发生机理，从而形成了内部化理论。此后，鲁格曼对该理论进行了丰富和完善。

跨国公司将市场建立在公司内部，公司内部调拨价格的这一过程被称为“内部化”。该理论重点讨论知识资产等中间产品市场，而不是最终产品市场；重点分析行业中以知识因素为中心的特定因素。内部化的目的是避免外部市场的交易成本，因此，只要内部化成本小于市场交易成本，内部化便可以实现。根据该理论，由于知识产品是企业形成垄断优势的源泉，企业必须将知识产品控制在公司内部使用，并通过差别定价，有效利用垄断优势。跨国公司是企业对世界市场的一种替代途径，而对外直接投资是实现这种替代的重要手段。

第三，厂商增长理论。厂商增长理论是最早以微观厂商行为视角解释对外直接投资的理论。该理论的思想始于彭罗斯 1956 年发表的《对外投资与厂商增长》一文。该文提出，对外直接投资活动是厂商经营规模扩张的一种表现，而经历过从出口到许可生产再到跨国企业的对外扩张三阶段，对外直接投资活动能够使企业扩大国外市场销售额，赚取超额利润。厂商增长理论提出，对外直接投资是厂商追求增长最大化的自然结果，它既可以解释厂商对外直接投资的动机，又为跨国公司的形成提供了理论依据。

② 国际直接投资的宏观理论。国际直接投资的宏观理论是从宏观层次上解释国际投资活动，有代表性的是阿利伯在 1970 年《对外直接投资理论》一文中提出的资本化率理论，认为融资能力差别会造成资本化率差异。

资本化率是指收益流量资本化的程度（通常用 $K=C/I$ 公式表示，其中 K 为资本化率，C 为资产价值，I 为资产收益流量[a]），资本化率越高表示资本预期收益

a 该公式源自齐欣主编的《国际经济合作》一书（2010 年）第 22 页。

的增长越快。阿利伯认为，持有强势货币的国家的资本化率要高于持有弱势货币国家的资本化率，因此，跨国公司的对外直接投资是由持强势货币的国家向持弱势货币的国家流动。

该理论的局限性是对目前发达国家之间及发达国家与发展中国家之间的交叉性投资无法做出合理的解释。

③ 国际直接投资的综合理论。国际直接投资理论的各种学说是在国际贸易理论和产业组织理论的框架下发展起来的。国际贸易理论强调宏观层次上国家要素禀赋差别对国际直接投资的决定作用；而产业组织理论强调微观层次上厂商行为及市场结构的决定作用。从 20 世纪 70 年代初开始，这两种理论出现融合的趋势，本书主要梳理以下两种理论。

第一，国际生产折中理论概述。1977 年，英国学者约翰·邓宁的《贸易、经济活动的区位和跨国企业——一种折衷主义方法的探索》一文提出，跨国公司对外直接投资取决于三个最基本的优势，即所有权优势、区位特定优势和内部化优势，这三个变量之间的相互作用形成了对外直接投资及各种形式的国际经济活动，构建了国际生产折中理论。

国际生产折中理论从微观和宏观两个层面构建了一般性的国际直接投资理论的基本框架，综合性强、概括性高、适用范围广。然而，该理论的不足之处在于，一方面，过分强调企业的既有优势，对企业动态发展优势考虑不足；另一方面，忽视了投资国宏观环境对投资企业的影响。

第二，投资发展周期理论概述。20 世纪 80 年代初，邓宁对 67 个发达国家和发展中国家（1967 ~ 1978 年）进行分析研究，把人均国民生产总值（GNP）作为经济发展的标准，将对外直接投资周期分为四个阶段[a]（人均 GNP 为 400 美元以下、400 ~ 1500 美元、2000 ~ 4000 美元、4000 ~ 5600 美元），分析对外直接投资的输入与输出流量，发现一国的对外直接投资流量与该国经济发展水平密切相关，处于不同阶段国家的直接投资输出和输入的地位是不同的，并把它称为投资与发展周期。邓宁及其他学者在对国际生产折中理论进一步发展的基础上，将各国经济发展的阶段和结构性特征与外直接投资建立联系，研究国际生产的发

a 详见齐欣．国际经济合作 [M]. 上海：上海财经大学出版社，2010：16–32

展和对外直接投资的决定因素，构建了投资发展周期理论。

④ 发展中国家的国际直接投资理论。随着发展中国家从 20 世纪 80 年代中期开始对外投资，研究发展中国特有优势的国际直接投资的理论也逐渐建立起来，主要包括以下两种：

第一，小规模技术理论。美国经济学家刘易斯·威尔斯在 1977 年出版的《第三世界跨国企业》一书中提出小规模技术理论，认为发展中国家在国际直接投资中的比较优势主要包括企业管理费用的优势、小规模市场优势、采购当地原材料的优势、生产特殊产品的优势等，并认为母国市场规模与发展中国家（东道国）市场规模的相似性构成在发展中国家（东道国）投资过程中的比较优势。该观点为经济相对落后国家的对外直接投资提供了理论依据，它将发展中国家对外直接投资的竞争优势与这些国家自身的市场结构特点有机地结合起来，摒弃了传统观点，即只能依赖垄断技术优势打入国际市场。

第二，技术地方化理论。英国经济学家拉奥在 1983 年的《新跨国公司：第三世界企业的发展》一书中提出技术地方化理论。该理论认为，在发展中国家企业不具备比较优势的前沿技术和营销手段的假设基础上，它们的优势在于，或是使用成熟技术，或是改进生产工艺，或是具有提供成熟技术的成本优势，或是对非差异化产品的特殊营销技能。这些优势不仅可以带动他们对其他发展中国家的对外直接投资，而且可以推动对成熟技术的创新，从而促进它们对发达国家的直接投资。

（2）国际间接投资理论

① 资产组合理论概述。资产组合理论最早是由美国学者马科维茨（20 世纪 50 年代）在《有价证券选择》一书中提出的，而后经过托宾等人的发展创新。该理论认为，所有资产都同时具有风险性与收益性，收益越高风险越大，于是提出了以资产组合的方式来降低投资风险，采用“风险收益组合”方法分析研究投资者在各种资产之间进行选择的策略，以及如何形成最佳组合使投资收益一定时风险最小。简单地说，就是投资者把资金投放到几种证券（资产）上，建立一个证券（资产）组合，通过证券（资产）的分散来减少风险。该理论是假设市场充分有效的，即参与者都同时可以得到充分的投资信息，这与现实情况不相符。

② 里威—萨内特模型概述。1970 年，里威—萨内特构建模型初步解释了国际间接投资的动机。该模型发现，通过有价证券多样化的投资可以提高收益，关键在于投资项目的彼此关联度，当关联度低的投资项目结合时，投资风险就可以减少。同时，他还认为，对外国投资项目的关联度要比国内投资项目的关联度低，因为不同国家的经济发展周期和水平都是不同的。

1.2.3 产业组织理论研究概述

产业组织理论在英国及其他欧洲国家又称产业经济学。该理论的研究对象是市场与企业，研究基础是微观经济学，研究视角是从市场角度分析企业行为或从企业角度分析市场结构。一般认为，产业组织理论的源头是马歇尔的新古典经济学说。

源于美国的产业组织理论产生于 20 世纪 30 年代，大体经历了两个阶段的发展历程[a]。

第一阶段：20 世纪 30 年代至 70 年代。著名的 SCP 范式问世，即“市场结构 (structure)——市场行为 (conduct)——市场绩效 (performance)”范式，主要代表学者是哈佛大学的经济学教授梅森（E.Mason）和贝恩（J.Bain）。哈佛学派 SCP 范式的形成标志着产业组织理论成为一门相对独立的经济学科。

第二阶段：20 世纪 70 年代至今。产业组织理论的发展逐渐分化成沿着 SCP 范式继续前进的“新产业组织学”主流学派和摒弃 SCP 范式的非主流产业组织理论。前者以考林、沃特森等为代表；后者以芝加哥学派的斯蒂格勒、德姆塞茨等为代表。此外，还包括以科斯的交易费用理论为基础，由威廉姆森等人发展起来的“新制度经济学”。

西方产业组织理论的发展影响了其他经济学科及领域的产生与发展，如规制经济学 (Regulation Economics)、劳动经济学、国际贸易学、市场营销学、公司治理结构等。

1.2.4 创新理论研究概述

现代创新理论的提出者约瑟夫·熊彼特 (Schumpeter，1912) 是最早从技术与

a 该阶段的划分是根据郭成《产业经济学理论的起源与发展》(2007)中的相关内容进行的整理。

经济相结合的角度，探讨技术创新在经济发展过程中的作用的主要代表人物。学术界一般将熊彼特的创新理论归纳为五个创新，依次是产品创新、技术创新、市场创新、资源配置创新、组织创新（这里的“组织创新”可以看作部分的制度创新）。因此，熊彼特所讲的创新，是一种广义的创新。按照熊彼特的观点，创新是从经济生活内部自行发生的变化，并非从外部强加于它的。

学术界在熊彼特创新理论的基础上开展了更深入的研究，出现了很多研究模型，包括技术推动模型、需求拉动模型、推—拉互动模型、整合模型、系统网络模型等，构建起技术创新、机制创新、创新三螺旋等理论体系，形成关于创新理论的经济学理解。

进入 21 世纪后，信息技术推动下知识社会的形成及其对创新的影响进一步被认识，创新被认为是各创新主体、创新要素交互复杂作用下的一种复杂现象，是创新生态下技术进步与实际应用的“创新螺旋结构”共同演进的产物。

从不同的分析视角，创新研究呈现多元化。例如，德鲁克从管理学角度把创新理解为资源创造新财富的活动，并把创新划分为创造经济价值的“技术创新”和创造社会价值的“社会创新”；诺斯从经济学角度认为经济发展是制度创新与技术创新的互动过程。

总结以往文献，对于创新的研究主要分为技术创新学派和制度创新学派。技术创新学派研究的主要内容包括创新的过程及其对经济增长的贡献等；制度创新学派的主要研究内容包括制度的形成演化及国家 / 区域创新体系的构建等问题。下面将逐一进行梳理总结。

（1）技术创新相关研究概述。马克思是最早认识到技术进步在经济增长中的核心推动作用的经济学家。他曾指出，资本家为创造相对剩余价值“必须变革劳动过程的技术条件和社会条件，从而变革生产方式本身，以提高劳动生产力”[a]。18 世纪亚当·斯密在其著作《国民财富的性质和原因的研究》中分析了经济增长与技术创新之间的关系。

从历史的角度，技术创新研究大致可以分成三个阶段[b]：

a 参见 Eric Maskin, Jean Tirole . Public – private Partnerships and Government Spending Limits[J]. International Journal of Industrial Organization, 2008(26): 412 – 420

b 参见王雪苓 . 当代技术创新的经济分析 [D]. 成都：西南财经大学，2002：49–60

①理论研究的初探阶段（20世纪50年代至60年代末）。学者们围绕技术创新的起源、结构、机制、过程等问题进行了初步的研究分析。但是，研究层次不深，范围不广，缺乏系统性，没有形成成熟的理论框架。

② 理论研究的鼎盛阶段（20世纪70年代初至80年代初）。这个阶段的理论研究主要包括创新的内涵、分类、动因、扩散、组织、R&D系统、相关政策等内容，研究呈现范围广、程度深、系统性强的趋势，同时应用了多种理论及方法，如决策理论、市场机构与竞争理论、数理统计研究方法、宏观政策分析方法等。

③ 理论研究的成熟阶段（20世纪80年代初至今）。该阶段的研究向综合多元化方向发展，并且研究重点突出。注重协同性研究和动力机制分析，提出推拉综合模式及技术轨道等新观点。还有学者通过对文献的研究，分析归纳形成较高层次的系统理论，如以创新目标、阶段和决策为变量的相关性系统研究；对技术创新与厂商行为相互关系的研究；创新成果转化研究等。

（2）制度创新相关研究概述。

① 制度和制度创新的相关界定。诺斯认为的制度是一系列被制定出来的规则、程序和道德伦理规范，约束追求效用最大化的个体行为。奥尔森(Olson, 1996) 认为不涉及制度就不可能解释经济增长率的持续差异问题。胡凯认为，制度是继天赋要素、技术、偏好之后经济理论的第四大基石。因此，在使用技术知识、资金、劳动力、原材料等要素不断创造财富的生产中，制度无法由其他要素替代，因其“资产专用性”。同样的生产要素在不同国家的效率差异实质上是制度的差异所致。一般认为，制度创新的主体包括个人、合作组织和政府机构三个层次。

理论界将制度创新的模式分为诱致性制度创新和强制性制度创新两类。前者是由个人或合作组织自发倡导实行的；而后者是由政府命令强制实行或法律法规引导实行。

② 制度创新的动力理论研究概述。

技术决定论[a]：马克思主义基本理论认为，生产方式的变化决定着生产关系的变化，即技术改变决定制度变迁。这种假说将技术视为推动经济增长与制度变

a 根据史晋川、沈国兵的《论制度变迁理论与制度变迁方式划分标准》（2002）一文中相关的概念界定

迁的动态原因。持这种观点的除了马克思主义者，还包括凡勃伦 (Veblen) 及其追随者们。

制度决定论[a]：诺思与托马斯 (1973) 认为，制度变迁本身是经济发展的诱因，具有自我循环累积作用，并认为相对于技术变迁，制度变迁更加根本。

技术与制度互动论[b]：拉坦 (1978) 认为制度变迁导致了技术变迁，而技术变迁推动制度变迁，两者是一种互动过程，彼此的相互依赖性很强。

1.3 研究内容与框架

本专著研究的主要内容：首先，通过对国内外 RJVs 相关理论的文献研究确定未来的研究方向。其次，在对发达国家 RJVs 合作创新情况进行梳理和比较的基础上，从理论层面探讨 RJVs 这一合作创新制度安排对于研究开发和成果转化及产业提升的合理性和可行性，并在此基础上，分析 RJVs 合作创新的相应制度安排，以天津市滨海新区为例，对 RJVs 合作创新制度设计的实践进行研究，并从一个侧面为 RJVs 创新网络机制的深入研究及自主创新的经济战略提供理论与现实的研究基础。然后，对 RJVs 研发转化的基础理论进行梳理，从政策体系诱发的角度通过 RJVs 研发转化路径的国际比较，基于合作与分工模式、合作网络创新及知识转移等视角分析 RJVs 研究转化绩效，并为绩效测度进行指标设计，在结构建模的基础上，探索 RJVs 产业内根植发展的制度基础、产业内分工与合作联动的结构性特征及稳定性，以及这种合作创新对于内部和外部溢出的影响。继而对 FDI 下的 RJVs 运行绩效进行分析，从 RJVs 作为外资利用方式的正向和反向溢出效应进行研究，从区域级差、产业相关企业势能差的分析视角，研究

a 根据史晋川、沈国兵的《论制度变迁理论与制度变迁方式划分标准》（2002）一文中相关的概念界定

b 根据史晋川、沈国兵的《论制度变迁理论与制度变迁方式划分标准》（2002）一文中相关的概念界定

RJVs 合作创新对于企业经济评价、产业提升、生产要素市场能级提升的可行性和效用，对区域经济发展的影响程度以及对国民经济贡献等。最后，分析 RJVs 在我国的发展现状后，指出 RJVs 作为合作创新模式及利用外资路径在我国发展中遇到的制约因素，分析其今后发展的主导方向，进而提出 RJVs 合作创新对制度建设、研发转化、贸易投资功能优化组合及自主创新的对策建议。（见图 1–1 和图 1–2）

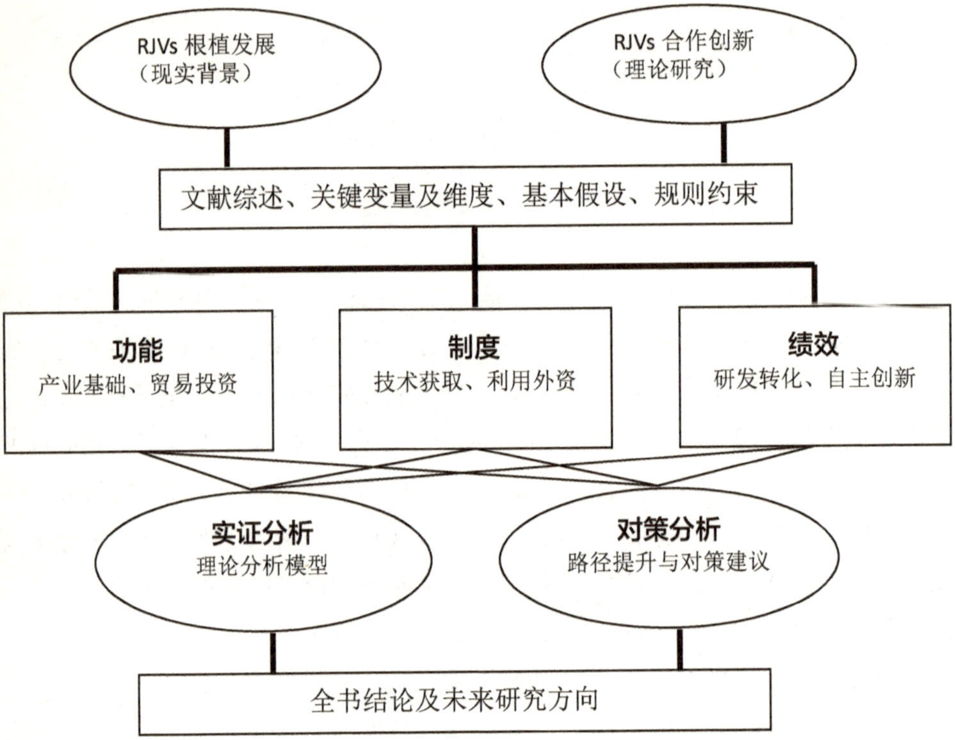

图 1–1 研究整体思路

1.4 研究方法、创新之处及难点

1.4.1 本书的主要研究方法

基于前辈的研究成果对 RJVs 的理论基础和实践发展进一步探索，针对不同的研究内容选择不同的研究方法。

（1）文献研究的方法。主要对 RJVs 文献进行梳理，在此基础上，提出本书的研究框架和假设命题及变量关系假设，为研究奠定理论基础和实践分析依据。

（2）理论联系实际的方法。本专著结合天津市滨海新区的现实，对典型的 RJVs 合作创新制度进行比较研究，以期得出 RJVs 合作创新对成果转化、贸易投资功能组合及自主创新机制建设的促进作用的结论。

（3）定性与定量分析相结合的方法。本专著通过相关理论指导和借鉴国际经验，进行结构建模和指标设计的综合分析，得出相应的结论及对策建议。

1.4.2 本书的创新之处

（1）选题方面。近年来，国外对 RJVs 展开了丰富的研究，但是国内对 RJVs 的研究几乎还处于起步阶段，只有极少的学者涉足该领域。

（2）研究对象方面。目前，对于 RJVs 合作创新制度、研发转化绩效、贸易投资功能组合及自主创新之间的作用路径研究尚存在盲点。本书构建 RJVs 区域、产业、企业多层面发展的功能、制度及绩效的逻辑分析框架，分析合作创新的 FDI 发展路径及溢出效应的作用机理。在一定意义上，填补了目前我国学术界对 RJVs 相关研究的空白。

（3）研究内容方面。本书对 RJVs 已有文献理论进行大规模梳理和整合，对发达国家 RJVs 发展的历史阶段、路径模式、制度政策等进行整理和分析，从全新的视角构建 RJVs 产业根植性发展的制度设计模型、区域产业内企业间合作与分工模式及收益模型、合作创新网络绩效评价模型以及 FDI 下 RJVs 运行绩效模型，并在理论与实践分析的基础上，提出有针对性的对策建议。

1.4.3 本书的难点

（1）由于 RJVs 的发展会受到诸多内外部因素的影响，因此，在制度设计、绩效评价、模型构建及对策建议等方面的研究就会受到一定条件的约束，影响结论的全面性和现实性，甚至造成偏差。

（2）鉴于本书研究视角和研究对象的全新性，因此，在构建模型时会受到以往研究结论、实践检验及作者研究能力等限制，造成变量的选择和假设关系界定的不完全或不准确，导致分析模型的不科学性。

（3）由于国外 RJVs 数据库存在使用权限而国内还没有 RJVs 数据，目前的研究无法获得有效的数据资源，因此，模型检验有难度。

本专著的具体内容与研究框架如下（见图 1–2）。

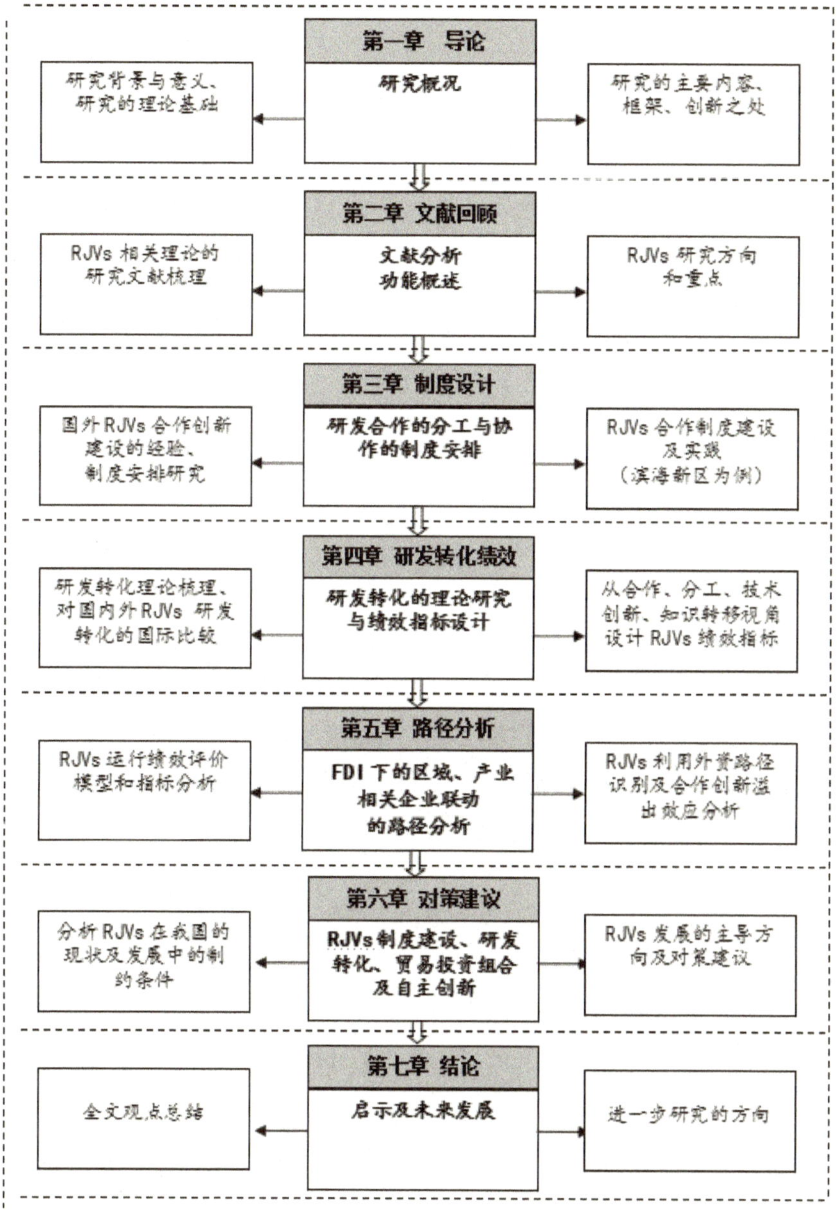

图 1–2 研究框架与主要内容

第 2 章　文献回顾

国家间、区域间、企业间的研发合作既不是一个新现象，也不是独属于欧洲人的“专利”。事实上，在过去的二十年中，合作协议的数量在世界范围内骤增，与此同时，它们的性质也发生了改变。研发合作已经成为经济学、社会学、管理学等多个学科中的重要研究领域。不同学科的研究视角不同，例如，制度经济学从制度、契约的角度研究合作的动机、模式、绩效等；管理学从战略管理的角度研究企业的合作、价格评价、市场开发等；经济地理学重点研究产业集群中企业间的合作关系、专业化、合作创新等；社会学则重点研究合作伙伴关系信任机制的建立及关系维持等内容。本章将对研究型合作组织（Research Joint Ventures，RJVs）的相关研究进行文献回顾，梳理 RJVs 研究的脉络，为后续研究奠定理论基础。

2.1 RJVs 定义及内涵研究

本节对 RJVs 的定义及其内涵进行文献梳理，这是研究的起点。

2.1.1 RJVs 定义

多数学者将狭义的研究型合作组织（Research Joint Ventures，RJVs）[a]定义为一个以研发为目的、至少由两个以上组织（企业）联合控制的新实体，广义的 RJVs 定义可以将研究联盟扩展进来。比较有代表性的定义包括：Janusz A. Ordover，Robert D. Willig（1985）提出 RJVs 是一个由两个或更多企业联合起来形成新的合作企业，通常计划进行一个特定的研究项目；经济合作与发展组织（OECD，1994）指出 RJVs 是一种合作体，成员积极参与研发项目；美国竞争力委员会（1996）将 RJVs 界定为企业、大学、政府机构和实验室以不同的组合模式集中资源以追求共同研发目标的一种合作安排；Nicholas S. Vonortas (1999)

a 有些学者将 RJVs 翻译为研究型合资企业，这是基于 RJVs 具有投资主体的功能作用。

将 RJVs 称为研究联合体，定义为两个或两个以上的组织（企业）为了从事研究开发而共同控制形成的一个新组织，是反垄断法接受的一种合作创新组织形式；David Ulph（1999）将 RJVs 视为“一个机制”，认为企业能够以一种合作的方式进行研发的设计、协调以及对研究成果的分享；Yannis Caloghirou、Nicholas Vonortas、Stavros Ioannides（2004）指出 RJVs 是一种战略技术联盟，由至少两个参与实体联合控制，主要目的是参与联合研发活动，其成员包括企业、大学和其他政府机构等；Elena Revilla、Joseph Sarkis、Juan Acosta（2005）将 RJVs 定义为一个合作协议，其中两个或更多合作机构（企业 / 公共研究机构）通过一个合作项目协调其研发活动，并分享由这种联合所带来的知识，认为这种知识的结合能够给所有相关成员带来收益。

综上所述，本书认为 RJVs 是为反垄断法所接受的一种研发合作创新组织形式，由两个或两个以上的组织（企业）为了从事研究开发而共同形成并控制的一个新组织，参与者(即合作主体)为某一特定目标，各自提供不同资源，共同参与完成一项创新任务。根据已有文献中 RJVs 的定义，狭义的 RJVs 可以定义为由不同研发主体（包括企业、大学、科研机构、政府等）联合组建的以合作研发为主要目的的企业组织模式。广义的 RJVs 则可以将各种技术研究联合体扩展进来。

类似的企业、大学、科研机构及政府相关部门的合作模式在我国通常被称为“产学研合作”，但是，它与发达国家的 RJVs 模式相比，存在明显的不同，主要包括：第一，合作关系不同，我国产学研合作中，企业主要与大学或研究机构建立研发合作关系，并非像 RJVs 那样组建联合研发实体，因此，我国的产学研合作模式较为松散，而 RJVs 相对是一种紧密的合作研发模式；第二，合作目标不同，我国产学研合作的目标是科技成果产业化，而 RJVs 成员以技术知识获取和自主创新为目标；第三，合作动机不同，我国产学研合作多是为了经济效益，而 RJVs 成员主要是以降低研发风险、分摊研发成本、将外溢内部化等作为参与 RJVs 的动机。

2.1.2 RJVs 内涵

从 RJVs 定义来看，其内核是 R，即研发与技术创新，两者既相同也不同。

研发本质上是一个新知识创造、应用的创造发明过程；而技术创新是将新工艺、新技术商业化的过程。因此，研发创造的新知识是技术创新的基础，技术创新将这些新知识变成了现实收益，研发是技术创新的重要推动力之一。在现实中的创新过程，研发与技术创新融为一体，两者中间并没有明显的界限。实践证明，研发与技术创新是企业市场竞争战略的重要组成部分，是区域产业创新的重要支撑力量，是国家经济增长的重要源泉。

（1）研发的概念及分类。研发是为了进行知识创造、应用与传播而进行的活动，是人们不断探索、发现、积累、应用新知识的系统而连续的过程。研发的目标是要开发出新的产品或新的工艺，通过市场商业化来提高其竞争优势。研发活动中的投入包括资金、人力资本和物质资本，产出则是与新产品、新工艺相关的创新技术知识。这些知识通过成功的市场商业化运作改变了原有产品的供求条件，赢得市场竞争优势。因此，研发是所有企业长期投资决策之一，也是企业竞争战略的重要组成部分。

普遍意义上，研发分为基础型研究、应用型研究和实际开发三大类（见表2–1）。

表 2–1 研发的分类

	基础型研究	应用型研究	实际开发
研究目标	增加知识总量、解释客观事物存在本质及运动规律、非商业化	特定问题、探索新工艺或新产品开发的技术基础	建立新的工艺、系统或服务体系对已经建立的系统或服务体系进行实质性的改进
承担主体	大学、科研机构	企业合作联盟、产学研联盟、政府	企业 / 组织、企业联盟、产学研联盟、政府
成果形式	学术论文、著作、专利等	学术论文、著作、专利等	具有新系统基本特征的原型、可达到设计定型的新产品、新工艺

由研发的定义及类别可以看出，研发投入的知识生产过程与产出的产品商业化过程存在不确定性。同时，由于知识的公共物品特征——非竞争性和非排他性，研发创造出的知识必然具有外部性，那么研发的投资者并不能占有投资所带来的全部收益，从而导致了投资者投资于研发的动机削弱（郭晓林，2006）。此外，根据科斯定理，市场交易具有成本使得企业将很多原本在外部市场的交易内部化。

（2）技术创新的含义及特点。技术创新是由多个环节（包括研究、发明、开发、设计、试验、生产等）所组成的以获得商业利润为目的的经济行为。技术创新具有资产性、继承性、风险高、收益大等特点。

根据技术创新中对象的不同，技术创新主要分为产品创新和过程创新。前者是通过创造新的市场使企业获得垄断优势，或通过产品差异化来改善市场需求条件；后者是引进新的生产方法或对现有生产方法的改进，使产品的生产成本明显下降。在实践中，两类创新通常是混合的。

对于技术创新的界定，通常分为狭义概念和广义概念。下面进行简要分析：

① 狭义的创新概念。熊彼特的创新概念只讨论了技术创新活动，并没有运用国家理论和交易成本理论，因而是狭义的理解。狭义的技术创新，始于研究而终于市场实现。首先，认为创新是遵循知识创造、传播及应用的线性模式（见图 2–1）；其次，认为发明与创新是不同的，发明是外生的，创新是内生的，发明在先，创新在后，这就是熊彼特技术创新模式（见图 2–2），它把技术与经济结合在一起。

图 2–1 技术创新的线性模型

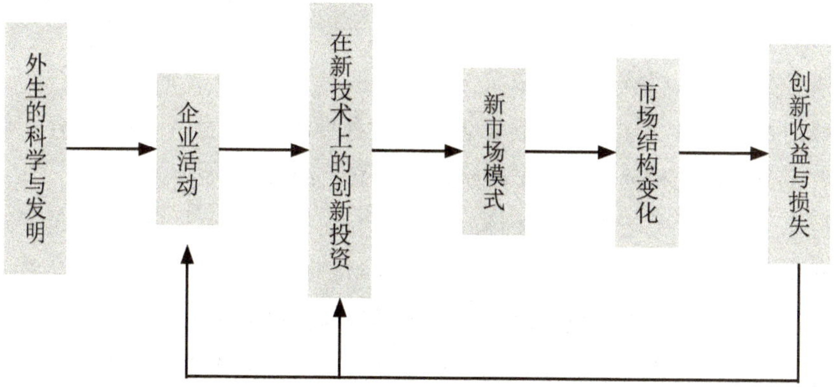

图 2–2 熊彼特创新模型

② 广义的创新概念。广义的技术创新认为，创新一般是由发明、创新和模仿三个阶段构成的动态过程。因此，广义的技术创新始于发明创造终于技术扩散。在创造新知识的基础上，成功实现新知识的商业化应用，而后，通过模仿促进创新技术在产业内、产业间、国家间的扩散，实现外部化。广义的创新概念不仅关注创新中的某一个具体环节，而且重视不同社会经济系统之间的协同作用，将科技、政治、文化、教育等融合起来，创新的目标不仅仅是追求经济增长，还包括社会进步、人境和谐、文化融合、教育发展等多层面的可持续性发展。这是本书所讨论的 RJVs 合作创新的核心。

2.2 RJVs 成员构成、分类及形成动因研究

RJVs 成员、分类及动因研究即是分析 RJ（合作创新）中的相关主体、组织形式和动机，这是 RJVs 研究的主要组成部分。

2.2.1 关于 RJVs 成员构成研究

根据 RJVs 定义和以往文献研究，企业、大学、研究机构是 RJVs 合作创新的主要参与者。从经济学角度来看，企业是追求利润最大化的经济组织，大学等研究部门是提供科学知识、创新思想的非营利性组织[a]。此外，RJVs 合作创新的参与者还包括政府相关部门、金融机构、中介组织等。

目前，理论界关于创新的主体问题的研究还有一定分歧，但越来越多的学者基本都认同企业是创新主体这一观点。作为市场经济中最基本的组成元素——企业，是古典经济学、新古典经济学、制度经济学等的基本研究对象。同时，创新本身是实现生产要素与生产条件的一种全新组合，是从新思想的形成到商业化实

a 参见Yang–Ming Chang Hung–Yi Chen. Cross–Licensing, R&D Spillovers, and Welfare[J]. Information and Management Sciences,2005(3): 37–56

现的过程，在这个过程中，大学、研究机构等从事基础性研究的组织只能为知识的创造与传播提供技术资源平台，无法完成创新的全过程，只有企业的参与才能实现创新最终商业化的结果。

对于 RJVs 合作创新的主体研究，本书梳理文献总结如下：

（1）从参与者的角度来看。熊彼特的创新理论认为企业家是创新的主体，其在创新过程中发挥重要作用。但是把创新主体归结为企业家或者企业组织是不全面的。后来的学者大多认为创新“是在一定客观技术、经济条件下，企业内部因素与外部因素相互作用而产生的企业组织行为，而不是企业家的个人行为”。特别在现代社会经济活动中，创新的过程必须在创新需求和创新能力的基础上借助于一定的中介创新客体才能实现，因此，在当代创新活动中，政府为 RJVs 合作创新制定相关法律条例，政府或金融机构直接或间接地参与投资，政府发挥税收、补贴、信贷等经济杠杆职能，咨询、中介组织提供各种服务。可见，在合作创新中，政府的引导调节作用不容忽视，金融机构、中介组织的配套服务必不可少。因此，RJVs 合作创新可以看作企业、科研机构、政府部门、金融机构、中介组织等多个参与者共同驱动的结果。

（2）从产业链构成的角度来看。图 2-3 描述了创新主体随产业链变革的演变过程，其中 S 表示创新的各个不同环节。

企业 A

S1 → S2 → S3 → S4 → 最终创新产品

（a）单一创新主体

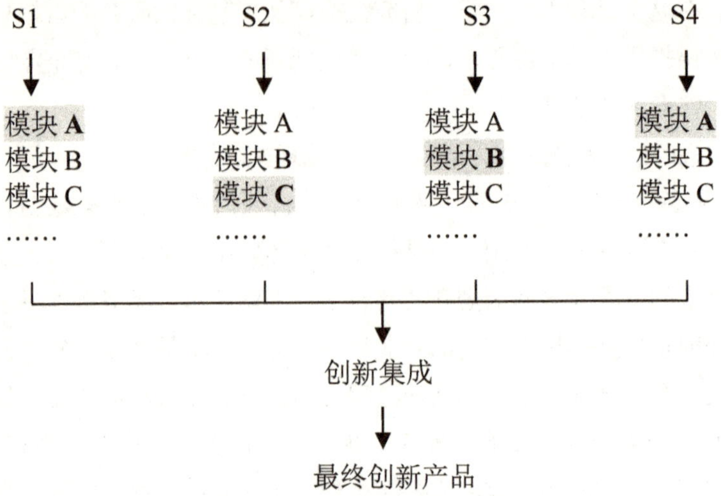

（b）多元创新主体

图 2–3 产业链变革过程中创新主体的演变

图 2–3（a）描述了单一主体的创新过程。技术创新的 4 个环节（S1，S2，S3，S4）由单一企业（企业 A）全面组织和协调运行，因为在这种传统的纵向一体化的产业链上，技术具有不可分割的特点。

图 2–3（b）描述了多元主体的创新过程。在这个创新过程中，创新活动的各个环节（S1，S2，S3，S4）是相互独立的，每一个环节上都有若干个模块（A,B,C……）同时进行研发创新活动，然后系统集成每个环节上最具创新能力的模块（图中的阴影模块），最终形成创新产品。这是在模块化分工生产时代产业链的网络状特征的呈现，与传统产业链上单一创新主体 [图 2–3（a）] 相比，创新活动可以在若干个环节上同步进行，各环节之间不存在投入与产出的前后向联系，因而大幅度地提高了创新速度和效率。

2.2.2 RJVs 分类与组织形式研究

在研究文献和现实经济生活中，以合作研发为主要生产活动的组织形式有多种，主要包括：RJVs、CLA (Cross–Licensing Agreement，交叉许可协议）、外包、R&D、直接投资等。本书根据一般文献中的研究，对 RJVs 进行归类，试图揭示

RJVs 在战略、管理、组织等方面的不同含义。

根据 RJVs 合作创新各参与方所共享的知识生产要素类别，一般研究将 RJVs 分为两类：水平型和垂直型。水平型 RJVs，一般指产业内若干企业以共享、聚集研发创新资源（设备、人力等）为目的而组成的研发联合体，包括股权型、非股权、委托型、非委托型等，如合资研究型企业、交叉许可协议、研发联盟、研发协会等。水平型的 RJVs 不强调成员企业在产业链上的位置差异[a]。垂直型 RJVs，一般指产业间一方提供资金，另一方提供研发资源而组成的研发联合体，如研发项目招标、技术外包合作等[b]。形成垂直型 RJVs 是为了研发成本分摊和上下游企业间研发溢出的内部化。

研究水平型 RJVs 的代表学者是 Dermot Leahy、J. Peter Neary 等。他们认为这种类型的 RJVs 是互为竞争者的厂商聚集资源形成的，通过对比研发合作与非合作的不同，用"合作替代"和"补充"来解释企业为什么选择水平型 RJVs。Gamal Atallah（2007）基于信息交换的互惠性，研究认为水平型 RJVs 是企业战略联盟的选择，由于研发溢出性而导致企业减少投资，分析得出如果一个企业溢出水平很高，而竞争对手溢出水平中等，那么该企业宁愿不合作也不愿加入 RJVs。

以 Samiran Banerjee、Ping Lin、Akira Ishii 为代表的学者对垂直型 RJVs 的特点及成因进行了研究。分析认为在垂直型 RJVs 中位于产业链上游的企业更加愿意加入 RJVs，以便向下游企业提供更便宜的货源；而下游企业大都拒绝加入规模大的 RJVs，以保持它们对于非 RJVs 成员的竞争优势。对于上游（下游）企业而言，RJVs 的最优规模减小（增加）了研发成本，同时增加（减少）了从创新中获得的收益。

需要说明的是，不论是哪种类型的 RJVs，实际上都属于广义技术联盟的范畴，是企业、大学、研究机构以及政府部门之间从战略需要的角度，围绕技术开发与运用所形成的合作关系[c]。无论是参与方之间的强强联合，还是优势互补的

a 参见Pedro L. Marn, Georges Siotis. Public Policies Towards Research Joint Venture: Institutional Design and Participants' Characteristics[J].Research Policy,2008(37):1057－1065

b 参见Luigi Benfratello, Alessandro Sembenelli. Research Joint Ventures and Firm Level Performance[J]. Research Policy , 2002(31): 493－507

c 参见Stephen W. Salant, Greg Shaffer. Optimal Asymmetric Strategies in Research Joint

合作，抑或是学习发展型的合作创新，都不单纯是两个或多个独立组织之间一对一的关系，而经常是参与各方之间的集群合作。RJVs 合作创新越来越呈现出集群趋势[a]。这种多个参与方之间的相对运动以及合作群体与外部环境之间的相互作用构成 RJVs 合作创新网络[b]。

2.2.3 RJVs 形成动因研究

随着科技的发展与社会经济环境的变化，单个企业（组织）很难独力承担技术创新任务，因此，企业、学校、研究机构、政府公共部门间的合作创新日益普遍。许多学者从多个角度探讨 RJVs 合作创新的形成动机，本书主要作如下归纳：

较早的文献并没有对 RJVs 形成动机进行系统化研究，而只是针对某一个问题进行探讨。例如，Link、Zmud（1984）指出，企业间合作的重要动机就是保持和增加其市场份额；Bauer（1989）和 Link（1990）指出，自身技术能力的提高是企业投资向横向、纵向多样化发展动力，也是 RJVs 形成非常重要的原因；Rller、Tombak and Siebert（1996）认为大企业比小企业有更大的动机进行研发投资。

随着研究的深入，“搭便车”和“成本分摊”在已有文献中成为频繁出现的动机因素，如 Lars-Hendrik Rller、Mihkel M. Tombak、Ralph Siebert（1997）提出企业参与 RJVs 的原因包括研发溢出内部化、成本分摊、产品市场互补性、公司异质性四个方面，并采用美国数据利用三阶段模型进行实证检验，得出的结论包括：互补产品的生产者有意参与 RJVs，但是大公司缺乏与小公司形成 RJVs 的动力；是否参与 RJVs 的重要决定因素是参与企业的规模大小；在研发中是否存在搭便车和成本分摊的问题，主要取决于行业特点和 RJVs 规模；在垂直型的行业中，其互补性增加了 RJVs 形成的可能性。Rller（1997）研究认为，当研发成果外溢到其他公司时，独立研发的动机就会减少，如果企业形成一个全包 RJVs（all-inclusive），外溢就会被内部化，进而使有效研发投资增加，福利提高。

Ventures[J].International Journal of Industrial Organization, 1998(16):195–208

a 参见H. Kevin Steensma, Jeffrey Q. Barden, Charles Dhanaraj, Marjorie Lyles and Laszlo Tihanyi. The Evolution and Internationalization of International Joint Ventures in A Transitoning Economy[J]. Journal of International Business Studies, 2008(39): 491 – 507

b 参见Magnus Karlsson. Commercialization of Research Results in the United States An Overview of Federal and Academic[J].Technology Transfer, January 2004(1):29–40

此外，对于形成动机的研究，还有一些有代表性的成果，如 Mihkel 等（1997）构建理论模型将企业多样化和产品市场作为加入 RJVs 的决定因素，认为企业是否要加入 RJVs 的重要原因之一是合作者的规模要相似，同时，销售互补产品的企业间易形成 RJVs。Mihkel（1998）等还通过实际考察，论证了多数纵向关联的行业互补性可以提高 RJVs 的形成概率这个研究结论。Vonortas（1997,2000）认为，企业参与 RJVs 是为了筹集研发资金、发挥协同作用、获得互补资源以及创造新的投资选择。Cristina（2001) 在总结众多学者的研究后指出，研发合作的主要动机有以下几种：(i) 和研究的应用、技术发展特性相联系的动机；(ii) 和市场进入、寻求机会相关的动机；(iii) 和企业规模、研发能力相关动机。Marokio(2001) 则把合作研发的动机分成两类：一类是和研发相关的动机，如通过合作，加大研发投入，促进研发产业化；另一类是和研发无关的动机，如获得市场进入和政府资助。Yannis Caloghirou（2004）研究认为，合作研发的动机包括分摊成本；减少重复性；公担风险；外溢内部化；获得互补资源和技术；现有资源的有效配置；提高技术标准；法律和政治优势等。Lars-Hendrik Rller（2005）研究认为，除了以往研究中的重要动机以外，还包括：RJVs 的成员数量、参与企业规模差异及所在的行业、RJVs 对研发投资的影响等。

很多学者通过实证检验的方法对上述问题进行阐述，得出了类似的结论，包括 Rabah Amir、Igor Evstigneev and John Wooders（2001），Robin Mason（2002），Roberto Hcrnan、Pedro L. Marin and Georges Siotis (2003)，Patrick Greenlee (2005)，Joanna Poyago (2006) 等。

其中比较有代表性的研究包括 D' Aspremont and Jacquemin （1988）在研究中建立了系统性的模型。研究中只有两家企业，因此 RJVs 规模和溢出都是固定的，研究成果是完美的互补。他们的结论是，R & D 溢出创造搭便车机会是 RJVs 形成的主要动因。Roller、Tombak and Siebert （1997），Giorgio Barba Navaretti、Patrizia Bussoli、Georg von Graevenitz and David Ulph （2000）在模型中引入有关合作研发和信息分享的现实性假设，采用了欧洲 RJVs 的数据，结果表明：RJVs 更可能在替代型产品的生产者之间形成；源于信息分享的双方如果不合作将不会获益。类似的研究还有 John beath、Joanna Poyago and David Ulph（1998），

John Beath (2004) 等。2005 年，有学者运用“内生转换模型”（Endogeneous Switching Model）和来源于美国国家合作开发法案（NCRA）的数据进行检验，认为形成 RJVs 除了以往的决定因素外，还需要考虑 RJVs 成员数量、行业特点、R&D 投资以及 RJVs 形成中的阻碍因素等。Tomaso Duso、Enrico Pennings、Jo Seldeslachts（2007）首次采用数据面板模型检验 RJVs 动力机制的决定因素，考察了在 NCRA 下，RJVs 的进入、发展、波动情况，Tobit 面板回归表明：分类（Group）和时间特征（Time Features）对 RJVs 形成的重要性。

研究中存在的问题：①虽然讨论了为避免重复的研发，R&D 是完全互补的，但是就像 Roller、Tombak and Siebert 指出的，RJVs 是无法真正利用互补性的；②生产互补性产品的企业在非均衡时，可能更加有动力去分享信息和进行合作；③在讨论不对称的规模如何影响企业形成 RJVs 的动力时，存在偏差。由于研究中所采用的方法不同，可能会对企业加入 RJVs 的动力研究产生不同的影响。

本书总结上述文献研究，归纳如下：

加入 RJVs，对于参与者的潜在利益包括：

①共同分担成本费用。

②重复研发减少。

③共担风险，不确定性减少。

④溢出成本内部化。

⑤获得财政扶持。

⑥得到互补性的资源与技术。

⑦外部资源的有效调度。

⑧战略灵活性增大，市场准入程度提高，可选择的投资增加。

⑨技术标准的提高。

加入 RJVs，参与者所要面对的潜在成本包括：

①联合研发所需要投入的实际成本。

②与企业（组织）利益的不一致。

③技术进步的推迟。

④对于重要技术的控制力下降。

⑤反竞争行为。

⑥对公共资源的依赖性。

⑦浪费了纳税人的钱财。

RJVs 所创造的社会利益对于非 RJVs 参与者及社会的积极影响包括：

①对于非参加者的溢出效应。

②提高的工业竞争力。

③提高的竞争水平。

④投资行为的偏好的改变。

⑤更有效的技术标准。

⑥社会经济利益的提高（如就业、福利等）。

⑦区域经济联系的提高。

2.3　RJVs 风险分析及其稳定性研究

在创新过程中，由于环境因素的不确定性、创新主体能力及项目难度等制约因素，导致创新活动中止或失败，造成损失，构成创新的风险。因此，合作创新的风险分析也是 RJVs 研究的另一个重要内容。

2.3.1 RJVs 风险性分析

（1）风险及其确定：根据以往研究成果，RJVs 参与企业（组织）面临的风险主要包括由于地域、文化、道德规范、价值判断等原因导致的合作风险、研发中技术难度或技术工艺导致的技术风险、管理和决策方式导致的管理风险、技术进步改变市场竞争格局所导致的市场风险等。需要说明的是，市场风险和合作风险是整个合作研发组织所共同面对的风险，影响合作研发的总体收益；而技术风险和管理风险会影响到收益分配的比例。因此，“技术性”和“非技术”因素都会对创新的成功与否起到重要作用，不同因素所起作用份额的不同构成了风险结构。

（2）风险的基本特性："不确定性"是创新的最基本特征，表现在构建新技术与现实经济结合的前提条件是不确定的，创新的新产品、新工艺与经济结合的途径是不确定的，把这种技术创新知识变为现实商业化的结果是不确定的。正是由于不确定性的存在，使 RJVs 合作创新成为一种充满风险性的活动。此外，合作创新还具有投机性、损失递增性、防护性的特征。技术创新过程中收益与风险呈正相关关系；逐步投入越大，风险损失也随之递增；技术创新投入大、难度高、风险强的特点成为阻止竞争者进入的屏障。

（3）风险的投资分析。每一项技术创新的实现必须有"第三方"的介入，这就是资金，也就是广义上的投资。现代新经济要求投资的专业化，它有别于传统的金融分工，更注重宏观投资分析，更愿意为了获得高额的投资回报而承担创新带来的风险。没有这样的专业投资的金融组织体系，企业研发就难以持续发展，RJVs 合作创新也就难以继续。同时，这种投资要求在短时期内投入大量的资金，风险投资具有不可分割性。于是，就需要通过金融手段将闲置的资金集中，并立即投入技术开发和生产。此外，随着竞争战线的前移——从产品销售阶段前伸到产品研发阶段甚至更早期的基础性研究阶段，创新风险投资应该更多地向支持和激励风险创业家并提供资本增值的相关服务转移。由于资本及金融体系无法降低信息交易成本，无法加强长期投资的流动性，筹集到高回报项目所需的大量资金就很难，于是，虚拟资本就应运而生并迅速繁衍。虚拟资本市场的流动性的特点使投资者拥有容易迅速出售的流动性金融资产，如股票、债券、活期存款等，又可以把这些流动的金融资产转变成非流动性生产所需的大量长期的资本投资，从而满足 RJVs 合作创新中对于资金密集型产业的发展要求。由于虚拟资本会流向高利润率回报的投资，引发财富的转移，成为投资信息的趋势导向器，进而，政府可以采取相应的金融政策支持资本的集中，最终，高利润产业部门或地区的现实资本得到了相应的扩张，经济结构相应调整，促进创新和经济增长。

2.3.2 RJVs 规模及其稳定性研究

（1）RJVs 规模及稳定性研究概述。Suzumura and Goto（1974）研究认为在一个行业中，并不是所有的企业都加入 RJVs。它们对比 RJVs 的均衡规模与社会最佳规模，并考察 RJVs 在对抗单一企业所呈现的优势是否具有稳定性。结果表明，如果 RJVs 没有信息共享的优势，其与非合作均衡拥有相同的溢出作用，那么 RJVs 不稳定，但当 RJVs 在其成员之间可以更多地分享信息时，稳定的合作有所增加。RJVs 的规模取决于稳定的技术知识外溢。溢出越大，稳定性越小，因为非 RJVs 企业（组织）可以免费“搭车”。Poyago and Theotoky（1995），De Bondt and Wu（1997）的研究得出类似的结论。

大多数文献考虑的是在一个行业中的一个单一的企业，而 Ulph 等（1998）研究在不同国家的两个企业集团，其中一个企业集团拥有技术优势。模型中，在非合作均衡中，技术落后国家的企业在技术上会更加落后，研究中检验在技术落后的国家是否可以通过形成一个 RJVs 来帮助恢复其领先的技术地位，结果表明，这种情况可能发生，但均衡 RJVs 规模可能会低于社会最佳水平[a]。Poyago and Theotoky（1995）也做了相似的研究。

再有一个成功的研究是 Gamal Atallah 等 (2002)，在三阶段理论框架下构建模型，模型的一个主要特点是合作企业间自愿信息分享，增加了信息从 RJVs 到非 RJVs 成员的泄露的可能性。结论揭示出大企业更加愿意参加 RJVs，当分享信息无须代价时，企业或者完全不分享或者完全分享信息。当信息泄露，RJVs 成员会减少投入、减少信息分享、减少 RJVs 规模；反之亦反。同时研究认为，RJVs 规模依赖于三个因素：协调效应、信息分享效应、竞争效应。

（2）RJVs 激励机制研究概述。确保 RJVs 稳定的一个重要步骤就是建立有效的激励机制。企业的技术创新水平要提高，产品要具有国际竞争力，就必须增强创新主体的动力去实现创新系统的目标，就必须建立一套完备的系统与制度。

RJVs 合作创新的激励方式主要包括外部激励和内部激励。外部激励主要包括知识产权、专利等的产权激励，营造良好的竞争性环境并提高创新效率的市场激励，以及包括税收优惠、关税优惠、利率优惠、风险基金在内的政策激励。内部激励主要是技术创新激励，包括间接的产权激励、企业研发的内部化，还有人们普遍采用的企业内部激励手段，如奖励、荣誉、提升、授股、终身雇佣制等。

a　参见Yannis Katsoulacos，David Ulph. Endogenous Spillovers and the Performance of Research Joint Ventures[J].The Journal of Industrial Economics, 1998(3): 333–357

2.4 RJVs 绩效及其关联影响研究

本节从 RJVs 的经济绩效、溢出效应、福利效应以及 RJVs 对产品市场、价格、成本、知识管理、创新、竞争、出口贸易补贴、环境等方面的关联影响几个方面进行文献回顾与梳理。

2.4.1 RJVs 经济绩效研究概述

有关 RJVs 的经济绩效的研究，Franko（1971）、Duncan (1982)、Lecraw（1983）、Gomes and Casseres（1987）、Siebert (1996)、Vonortas (1997)、Benfratello and Sembenelli (2002) 等研究中都提到了利润率和增长率这两个客观绩效评价标准。Friedman、Berg、Duncan (1982) 研究认为，企业的合作（特别是短期合作）对利润率的影响是双面的，一方面增强市场势力，另一方面由于获取知识以后风险降低，因此收益减少。此外，Ralph Siebert (1996) 认为，影响 RJVs 成员企业利润率的积极因素是分摊成本，消极因素是企业的规模。Vonortas (1997) 研究发现合作和企业利润率负相关的证据并不充分。Sembenelli and Benfratello（2002) 的研究中尝试以"劳动生产率""总要素生产率""价格—成本差额"（price-cost margin）这三个绩效标准对相关数据进行分析认为，接受政府资助的 RJVs 成员企业比未接受资助的企业有更高的劳动生产率、总要素生产率和价格—成本差额"。

然而，Killing（1983）、Contractor and Lorange（1988）、Anderson（1990）等研究认为，客观评价标准并不一定能够充分反映 RJVs 合作关系多样化的长短期目标。支持这一观点的有 Hamel（1991）、Yan and Gray（1994）、Teichert（1995）、Glaister and Buckley（1996）、Caloghirou and Vonortas（2000）等。他们的研究认为，企业参与 RJVs 并非单单是为了创造利润，也可能是竞争战略需要或者是

无形资产的占有需要，因此，应把参与成员的主观目标和客观评价标准紧密联系起来。Brockhoff and Teichert（1995）研究认为，RJVs 合作是否成功的主观评价标准通常由 RJVs 成员的主观目标被实现或被超越的程度来衡量。Vonortas and Caloghirou 等（2000）在对大量欧洲企业调查的基础上，总结了 RJVs 主观绩效评价标准，包括企业期望从 RJVs 中获取新技术、开发新产品、提高自身的创新及组织能力等。Link、Leyden、Bauer 等 (1999)，通过利用主客观相结合的评价标准，对 RJVs 的经济绩效进行了研究，认为企业的合作研发、该企业的市场份额以及该企业的内部研发生产率三者之间存在正相关关系。Scott（1996）沿着上述研究思路，分析认为研发合作有利于鼓励新研究，并不断扩大企业的研发范围。

从社会影响角度来看，很多学者的研究密切关注了 RJVs 与反竞争效应的关系问题。例如，Scott（1993）、Vonortas （2000）等研究认为，广泛的合作创新所带来的收益未必能抵消竞争的减少。Lars-Hendrik Rller（1997）的研究则认为，RJVs 往往在规模相同和生产不同类产品的企业间形成，成本的分摊可能对福利有消极影响，但生产互补产品的企业所组成的 RJVs 对福利的提高有积极影响，这个结论用实证给予了证明。Gugler、Sieber（2007）通过对 1989 ~ 1999 年半导体产业的实证分析，认为 RJVs 能够带来更高的消费者福利，并建议相关政府应选择更为有效的市场结构安排以提高 RJVs 经济绩效。

2.4.2 RJVs 溢出效应研究概述

D'Aspremont and Jacquimin（1988）研究认为 RJVs 中的研发是非随机的，企业有可能承担非合作均衡中的一定程度的技术与信息共享，所以企业之间存在着积极的溢出效应。RJVs 对战略性的过度投资产生影响，也会对溢出产生影响。RJVs 会降低过度投资的作用，使外部性内部化。D' Aspremont and Jacquemin 研究的经典结果是，当溢出参数小于 50% 时，非合作均衡，RJVs 将进行较少的投资，当溢出参数大于 50%，RJVs 将提高投资。

De Bondt and Wu（1997）， Suzumura and Goto（1997）， Beath、Poyago-Thotoky and Ulph（1998）研究中扩展了 D'Aspremont and Jacquemin 经典模型的研究假设，结果表明，通过更好地合作和信息共享，RJVs 可能会有比在非合作均衡中较高的溢出效应。事实上，相对于非合作均衡，它可能会以较小的研发投入获得更大的研发产出。

Roller、Tombak、Siebert（1997）的研究中假设允许企业生产互补性产品，并注意到这使得研发投资战略得到巩固，但他们没有探索在非合作均衡中的自愿信息分享的可能性。而这一实证工作由 Cassiman、Veuglers（1998）、Katsoulacos、Ulph（1998）等完成。他们研究认为上述模型中的“溢出作用”反映了两个不同的决策，即研究合作和信息共享。得出的结论包括：当产品是互补的，在非合作均衡中，公司可以实现全面的研究合作和信息分享；RJVs 可以选择不充分共享信息，实际上这样做是由于反竞争的原因；RJVs 可能会选择使用单一实验室研发，以避免信息分享。

Klette、Moen（1998）的研究反映出科技政策促进技术发展的作用，主要体现在技术的互补性上。他们认为有很多理论文献表明，企业可能确实能够通过正常的市场关系承担起相当多的合作研究，并进行了实证检验。不过，他们同时指出这种合作关系并不一定是通过正常的市场关系获得的。

Yannis Katsoulacos、David Ulph（1998）通过建立研发外溢内部化模型，检验 RJVs 绩效，表明非合作能够产生最大的外溢，而且他们还预测 RJVs 的增长会引发反竞争的行为。

Luigi Benfratello、Alessandro Sembenelli（2001）首次运用统计方法检验欧洲 RJVs 对参与者的绩效的积极作用。Elena Revilla、Juan Acosta、Joseph Sarkis（2005）以知识为基础的研究视角，考察了 RJVs 价值与绩效之间的关系，选用了 247 个欧洲建立 RJVs 的公司数据，分析认为 RJVs 价值与绩效之间是非线性的。

相关的研究者还有 Ralph Siebert（1996），De Bondt and C. Wu (1997)，Stephen W. Salant and Greg Shaffer （1998），Yannis Cologhirou、George Hondroyiannis and Nicholas S. Vonortas（2003），M. Pilar Socorro（2007）等。但是研究中还有相当多的薄弱点，如 Katsoulacos、Ulph（1998）的研究没有解释 RJVs 的信息分享协议是如何付诸实施的，尤其是在 RJVs 运作两个研发实验室的情况下；研究模型遵循了早期文献的假设，即在整个行业中只有两个企业，而面对严峻的市场竞争，这样的假设缺乏现实性，结论不被信服。

2.4.3 RJVs 福利效应评估研究概述

无论是理论研究还是实证检验，目前仅有较少的研究是集中在福利评估的路径上。Kamien、Muller and Zang（1992），Suzumura and Goto（1994），Martin（1994，1998），De Bondt and Wu（1997）等进行了相关的研究。他们的分析全部利用了最初 D’Aspremont and Jacquemin 的分析框架，即溢出是外生的，研究路径是完美的补充、替代产品、对称 RJVs 均衡。Martin（1994）的福利模型是一个纯粹的竞赛，并允许 RJVs 经营一个或两个研发实验室，研究提出了很多关于 RJVs 可能性收益的悖论。例如，研究指出由 RJVs 导致了一些潜在的市场失灵。Katsoulacos and Ulph（1998）也同样使用类似的框架去分析，但却使用了特殊的案例。他们得出结论：当完全信息分享发生时，RJVs 通常会比非合作均衡产生更高的福利，但当经营研发两个实验室时，非合作均衡通常会在福利上优于 RJVs。这是因为低估价值的效果与战略过度投资的效果相互抵消，导致非合作均衡产生研发支出，接近于社会最优的支出。当信息不被共享时，RJVs 通常要比非合作均衡差得多，这是因为非合作均衡上的过度投资意味着仅有一家企业创新的活动可能性远远没有 RJVs 的发现那么频繁（信息不会共享）。

随着研究的深入，越来越多的学者将研究视角集中于 RJVs 与非合作均衡对比的福利效应评估。Hinloopen (1998) 认为无论企业合作与否，单一因素——R&D 补贴，可以达到完全最优。但是在 D’Aspremont and Jacquemin (1988) 构架下 R&D 自身补贴将无法达到完全最优，因为它无法诱发信息共享和研究的合作。Katsoulacos and Ulph (1998) 调查了使用津贴促进组建 RJVs 的作用，假设企业加入 RJVs，它们只能得到 R&D 津贴。结果显示，当津贴对改善低估福利效应有积极效果时，也可能带来两个负面影响，一是可能引发原先经营一个研发实验室的企业改为经营两个实验室，从而增加不必要的重复；二是可能会鼓励企业去加入 RJVs 以获得津贴。这些结果的重要性在于它们显示了当对在 RJVs 和非合作均衡中所有可能的行为模式进行评估时，很明显 RJVs 要优于非合作组织的 R&D 方法。特别地，分析表明认识到 RJVs 拥有反竞争效应是很重要的，这与很多之前的文献得出截然相反的结论，它们都简单假设 RJVs 不具备与非合作均衡竞争的实力，这是因为文献的着重点不是两个公司共同发现的非竞赛模型（non-tournament models），正如 Martin (1994, 1998) 的竞赛模型（tournament models）将 RJVs 假设为完全信息共享的。Klette、Moen 、Griliches (1998) 的研究也得出了类似的结论。

Beath and Ulph（1999）扩展了以往文献中的研究框架，引入了博弈分析。研究表明，位于一个国家的企业服务于位于其他市场的消费者，必定存在交易成本，如果一个企业独立研发一项低耗资的技术，并且不和其他企业分享这项技术，那么这项技术的优势就会使其克服交易成本的缺点，继而进入其他企业的市场。但是，信息共享会使研发企业得不到技术优势，并且因此阻止了其市场准入。然而，这种进入的阻止不是真正的反对竞争，因此福利较不分享信息时反而提高了。

2.4.4 RJVs 其他关联影响研究概述

RJVs的关联影响还表现在对产品市场、价格和成本构成的影响；对技术溢出、知识管理和专利的影响；对创新和竞争的影响；对出口贸易补贴以及环境等的影响。

（1）对产品、价格、成本的影响方面，主要的研究观点如下：Morton I. Kamien、Eitan Muller、Israel Zang（1992）分析了 R&D 卡特尔与 RJVs 的相互影响，认为相对于企业独立研发而言，组成 RJVs 减少了技术进步的均衡水平，提高了均衡价格。Martin（1995）分析了 RJVs 如何提高动态效益及静态效率的潜在影响，这是很少学者触及的领域。在他使用的模型中，企业处于持续开发新技术 / 产品的阶段。如果企业自愿参加 RJVs，只能是因为它们的利润比没有参加 RJVs 的企业更高。但解散 RJVs 的威胁可以被用来作为一种战略，以维持较高的价格。Joanna Poyago-Theotoky (1996) 建立了反映产品水平差异和垂直差异的模型，实证检验表明：以 RJVs 形式出现的 R&D 合作将会产生出更好的产品，RJVs 针对的是质量提高了的产品进行定价，相对于非合作，合作提高了社会福利。

Luca Lambertini、Sougata Poddar、Dan Sasaki（2002）研究了 RJVs 对产品差异性和价格垄断的影响，分析了 R&D 与产品市场的相互作用（包括水平的和垂直的产品市场），结果反映出 RJVs 对于时间贴现、产品市场的技术、消费者购买意愿、公司的合作与否的决定以及价格行为都会产生影响。J. Jude Kline（2000）以独特的研究视角分析了当溢出很大时，RJVs 中的研发合作对成本有“双面”影响，企业利用 RJVs 降低了竞争的激励程度而非降低了成本。当该现象在非合作均衡中出现时，会出现激励参与合作的企业减少对利润的追求这一悖论。

这方面的研究者还有 Tom Lee、Louis L. Wilde（1980），Xiangkang Yin（1999）、Patrick Greenlee（1999），Lus M.B. Cabral（2000），Rod Falvey，Joanna Poyago-Theotoky、Khemarat Teerasuwannajak（2006），Klaus Gugler、Ralph Siebert（2007）等。

（2）对知识管理、专利的影响方面，这是众多学者对 RJVs 研究的一个领域。Carl Shapiro（1985）最早研究有关 RJVs 与专利许可的问题。J. David Ptrez-Castrillo、El Sandonis（1996）分析认为当 know-how 的泄露没有被写入合同条款时，RJVs 会盈利，因而 RJVs 当作了一个 know-how 传播许可合同的替代。这是第一个学者研究有关 RJVs 技术管理、专利方面的影响。Blundell、Griffith、Van Reenen (1998) 利用面板数据和古诺模型检验市场结构和创新之间的关联，研究认为，包括现金流方式、企业总销售额中的创新所占比例等因素对于创新和专利所占的市场份额有显著的影响。类似的研究还有：Donald S. Siegel、Jerry G. Thursby、arie C. Thursby、Arvids A. Ziedonis（2001）；eo A. Grünfeld（2002）；ernard Franck、Robert F. Owen（2003）；Damiano Bruno Silipo（2004）；Yang-Ming Chang Hung-Yi Chen（2005）等。

（3）对技术创新与市场竞争的影响方面，很多学者的研究中都指出了两个激励因素促进 RJVs，利润的激励和竞争的威胁。从某种程度上说，利润刺激是主要诱因，竞争的威胁往往是持久的。当创新十分激烈时，利润动机是研发创新的主要决定因素，而对于非重大的创新，竞争威胁则是主要决定因素。

这方面的研究主要是了解创新与竞争之间的关系，竞争给公司之间的合作带来了挑战，目的是使技术转化为商品，以便更加广泛地传播创新技术。主要研究学者有：Gene M. Grossman、Carl Shapiro（1987），John Beath、Yannis Katsoulacos、David Ulph（1989），Waverman Comanor、A. Goto (1994)，Rabah Amir、John Wooders（1998），Nejat Anbarci、Robert Lemke、Santanu Roy（2002）等。

（4）对 RJVs 与出口补贴等贸易政策的影响方面，Massimo Motta (1996) 扩展了 D' Aspremont and Jacquemin 模型，研究在只有两个国家组成的世界经济中，在具有溢出效应的情况下，得出了以下结论：国家内部企业合作研发，使其比国外竞争对手更加有优势，影响了 R&D 补贴；与其他贸易政策相比，两个国家中进行研发合作的企业都可以增加福利，因为一些贸易政策会导致“囚徒困境”；福利在合作同盟中会更高。

J. Peter Neary、Paul O’Sullivan（1999）认为企业选择出口补贴和参与国际RJVs的决定因素是：研发对于降低成本的有效性；企业间技术溢出的程度；在企业投资之前，政府是否愿意给予出口补贴。同时认为相对于R&D合作，无论溢出程度高或低，出口补贴不会带来太大的福利，因而出口补贴贸易政策会导致相应的福利损失。

（5）对RJVs与环境问题的相关性研究方面，John T. Scott（1996）针对企业进行RJVs合作时产生的环境问题进行了研究。Jiunn–Rong Chiou、Jin–Li Hu (2001)也研究了在制定相关的企业生产制造排放税的情况下，RJVs成员所面临的环境问题以及解决方法。

2.5 RJVs研究方法及实证检验

2.5.1 RJVs评估模型研究现状

关于企业参与RJVs的模型研究，已有文献可以大致分为两类，一类是对“创新时机”（timing of innovation）的分析，另一类是对“创新程度”（extent of innovation）的分析（刘婷婷，2010）。两者的不同在于前者分析的主要包括参与RJVs的企业数量、研发投入量及其在RJVs成员企业之间的分布、技术的比较优势等；而后者的研究内容主要是关于成本的降低程度和产品的差异度。

D’Aspremont and Jacquemin（1988）的《有外溢存在的双寡头垄断情况下的研发合作与非合作安排》一文开创了RJVs模型研究的历史。此后出现了大量相关的模型研究。有代表性的包括Dasgupta、Stiglitz（1980），Brander and Spencer（1983），Katz(1986)，Veugelers(1991)，Kamien and Muller(1992)，Simpson and

Vonortas(1994) 等，他们主要使用多阶段（multi-stage）模型在研发合作和非合作状态下，分析研究产出增加与福利提高之间的相对绩效关系。研究结果基本一致认为，RJVs 有助于解决企业的研发投资与研发外溢间的平衡问题。

近几十年来，该领域学者尝试利用动态模型来比较分析研发的合作与非合作均衡。有代表性的是 Vonortas 等 (1994) 构建了一个动态研究框架，对研发竞争的分析采取了“无限交替行动”的方法，而对研发合作的分析采用了“同步行动”的方法，并在研究中将 RJVs 分为三种不同类型：投资决策 S 型（Secretariat RJV）、成果共享 O 型（Operating entity RJV）和两阶段合作 M 型（Multi-stage RJV）[a]。Maskin、Tirole(1998)，Joshi（2000) 等构建的动态模型还考虑了技术知识的不完全占有和可累积性，进一步完善了对 RJVs 模式的建模分析过程。

2.5.2 RJVs 分析方法的研究现状

以往的研究方法主要包括：

（1）对处于欧盟经济水平的国家、欧盟代表成员国、美国、日本等，进行有关 RJVs 政策方面的大量文献资料分析。这种分析不仅包括当前的政策，还包括科学技术政策、竞争机制和知识产权的相关政策的近期发展情况。多种数据的搜集整理形成了 RJVs 的科技政策数据库。

（2）通过对大量数据资料的搜集整理，形成数据库，并使其成为日后世界范围内受资助的 RJVs 最大最详细的唯一信息来源。

（3）利用以上数据做大量的经验分析，包括从统计的角度分析 RJVs 成员的性质、目标、战略；从计量经济学的角度分析 RJVs 的决定因素、影响等。另外，进行了大量的独立的 RJVs 案例研究。

（4）经验分析的结果被用来评估欧洲有关 RJVs 政策的总体有效性，并为未来政策的制定提供经验借鉴。

2.5.3 RJVs 研究数据库现状

目前学者们对 RJVs 进行研究的数据库包括：

a 参见R. David Simpson and Nicholas S. Vonortas. Cournot Equilibrium with Imperfectly Appropriable R&D[J].The Journal of Industrial Economics, 1994(42): 79–92

（1）欧盟研究合作组织数据库。这个数据库包括截至1996年年底建立的跨国RJVs的信息。包含由至少一个私人部门参与的所有RJVs的信息以及64个不同的研发合作项目信息。这个数据库包括6300个来自42个国家12730个组织参与的RJVs，还包括更大数量的私人部门参与者的信息。

（2）尤利卡研究合作组织（EUREKA RJV）数据库。尤利卡研究合作组织数据库包括所有在1985年到1996年被尤利卡标签计划选中和支持的RJVs。一方成员来自私人部门的研究合作体也被涵盖到这个数据库中。总计有1031个来自36个国家的4261个组织建立的研究合作体。

（3）国家研究合作组织数据库。自20世纪80年代中期以来，由希腊、西班牙、瑞典和英国四个国家私人赞助的RJVs信息已经被收入到四个国家数据库中。然而，在这些国家的由公共基金资助的RJVs信息并没有覆盖全面，或多或少限制了这个项目中用于比较目的的研究。尽管如此，四国数据库仍被认为是这些国家唯一的RJVs信息资源。

（4）研究合作组织调查数据库。这个数据库包括对那些参加一个或几个研究合作体的企业进行广泛调查的成果。调查的样本包括已经参与到欧盟基金、尤利卡计划和国家基金项目RJVs的企业。调查获取了涉及636个RJVs的504个企业完整回复的问卷。这些有效信息涉及合作研发的战略动机、影响选择合作伙伴的决定因素、合作伙伴间以及学习型组织间知识的创造、学习和转移的形式、合作的预期收益以及完成的程度。另外，数据库中另一项丰富的信息资源来自RJVs的21个案例研究。这些案例研究提供了重要详细的信息，列出了合作的主要内容、过程及时间安排。这些案例研究尤其关注研究合作体和参与组织的起源和目标，RJVs成员之间的战略关系与工作关系、RJVs的成果及对参与者的影响以及合作研发成果的商业开发等。

2.5.4 RJVs实证检验研究现状

目前，由于“官方”数据渠道的匮乏，国际学者研究中的实证检验是凤毛麟角。而我国也并没有关于国际研究型合作组织的相关信息统计数据，因此国内RJVs的实证检验尚无法进行。尽管如此，经验性评价还是得出了一些重要的结论，对促进RJVs运行给出了有用的启示。目前，国际学者进行RJVs实证检验研究的数据主要来源于以下五个数据库：CATI（Cooperative Agreements and Technology Indicators）数据库；NCRA-RJVs "The National Cooperation Research Act-RJVs" 数据库；CORE 数据库；The STEP TO RJVs 数据库；National RJVs 数据库。

在 RJVs 运行动力机制实证检验的研究方面，Lars-Hendrik Röller，Mihkel M.Tombak 和 Ralph Siebert(1997) 合作完成了一篇有关 RJVs 形成的动力因素的实证检验文献[a]。在该文献中，数据主要来源于美国 NCRA—RJVs 数据库，以企业是否选择加入 RJVs 的概率作为被解释变量，采用二元 Logitic 选择模型，对溢出效应内化和分摊成本的两个传统文献中的动力因素进行检验的同时，还对产品市场的互补性和企业的异质性这两个新增的动力因素进行检验，从而得出了以下主要结论：决定是否加入 RJVs 的因素中，最重要的是规模，即规模相似的企业更愿意组成 RJVs。从激励因素分析，节约成本这一因素更为重要。

在 RJVs 运行机制实证检验的研究方面，Tomaso Duso，Enrico Pennings 和 Jo Seldeslachts 三位学者于 2007 年发表的一篇论文（题为 "The Dynamics of Research Joint Ventures: A Panel Data Analysis"）开启了对 RJVs 运行的全新动态研究范式。他们采用的数据主要来自 NCRA-RJVs 数据库和北美电子计算机会计数据库的相关信息。该论文用 tobit 面板回归分析方法揭示了 RJVs 动态运行过程，得出的主要结论包括：在 RJVs 内部特点方面，其成员数量因素对于进入和退出 RJVs 都呈现出倒 U 型的趋势；在 RJVs 团体效应方面，团体的规模以及规模的不对称对 RJVs 运行过程并没有明显影响；在产业特征方面，很多变量对进入 RJVs 的影响要远远大于退出 RJVs 的影响。

在 RJVs 运行稳定性实证检验的研究方面，Kaz Miyagiwa 和 Aminata Sissoko 两位学者于 2011 年 6 月发表了相关研究成果。他们采用来自 EUREKA-RJVs（尤里卡—研究型合资企业）数据库的信息资料，用简单的 OLS 经济回归的分析方法，得出了结论：当 RJVs 中的合作伙伴无法监督其他成员的工作时，RJVs 存在不稳定性，只有当 RJVs 成员追求更高价值的研究时，RJVs 才能有更加长久的存续期。

在 RJVs 运行绩效实证检验的研究方面，Ralph Siebert 于 1996 年曾在 RJVs

---

a　Lars-Hendrik Röller, Mihkel M. Tombak, Ralph Siebert, Why Firms Form Research Joint Ventures: Theory and Evidence, Discussion Paper FS IV 97 – 6r, Wissenschaftszentrum Berlin, 1997

对企业边际利润的影响方面做出首次研究尝试[a]。他主要采用两部分的数据，一部分是来自于美国官方联邦公报；另一部分来自于 Moody’s 全球公司数据。得出当企业合作时，研发对利润率有着更大影响的重要结论，同时认为 RJVs 提高了 R&D 投入效率，增加了社会福利。

在 RJVs 政策有效性实证检验的研究方面，Luigi Benfratello 和 Alessandro Sembenelli（2002）分别对尤里卡计划（EUREKA）和欧盟框架计划（FWP）下政策扶植的有效性问题进行了实证检验[b]。数据信息主要来自欧盟委员会的 EU-RJVs 数据库。实证检验结果发现，在 EUREKA 框架赞助下参与的 RJVs 和绩效评估的提高之间有正相关联系。

2.6 产业创新和 RJVs 根植性研究

1974 年，英国经济学家弗里曼最先系统地提出产业创新理论，并出版了第一部产业创新方面的专著——《The Economics of Industrial Innovation》，书中指出产业创新是一个系统的概念，系统因素决定产业创新能否成功，并认为产业创新是包括了技术创新、产品创新、流程创新、管理创新、营销创新等的一整套创新组合。他通过对化学、钢铁、石油、电子、合成纤维、汽车、电力和计算机等许多产业创新的实证研究，认为产业不同导致创新的内容不同。

之后很多学者都从不同的分析角度对产业创新中的重点问题进行了研究，几乎一致地认为产业创新的主要目的是通过创新以提高产业水平、增强产业的竞争优势，产业创新是实现产业结构升级和转型的基本路径之一。综观国内外学者的

a　The Impact of Research Joint Ventures on Firm Performance: An Empirical Assessment, Ralph Siebert, August 1996, discussion papers, ISSN Nr. 0722 – 6748

b　Research joint ventures and firm level performance, Luigi Benfratello, Alessandro Sembenelli, Research Policy 31 (2002) 493–507

相关研究，产业创新立足于区域经济和区域产业的发展，主要包括产业技术创新与产业组织创新。

2.6.1 产业根植性与产业创新的相关研究概述

所谓产业根植性，是源于产业活动在空间分布上的集聚化，由于共性或互补性而相互联系在一起，形成产业聚集效应，促进了各个相关企业 / 组织扎根于某个区域，并且嵌入当地包括经济、社会、文化、政治等方面的各种社会关系网络[a]，从而促进了合作研发的发展，进而推动整个区域产业快速、健康地前进。产业的根植性将区域变成了真正意义上的经济利益体，从而形成产业和区域的有机结合，成为一种新型的、高效的产业组织形式。因而，在经济全球化的背景下，作为空间载体的“区域”高密度地集合了相关企业和机构，支撑起该地区或国家经济发展的强大竞争力。

本书梳理有代表性的相关研究如下：

普特南认为，与物质资本、人力资本相区别的并行存在于社会结构（区域）中还有社会资本，包括规范、信任和网络形式等，为结构内（区域）的行动者（企业 / 机构等）提供各种便利的资源，使得结构内（区域）的企业 / 机构与社会环境密切联系，从而形成社会资本，即社会网络关系（产业根植性），促进了区域产业的创新与区域经济发展。社会经济网络理论强调了经济活动与社会关系之间相互嵌套和相互影响的作用路径，认为产业根植性发展有利于社会资本的产生和作用的发挥，在一定程度上可以促进分工，并产生新的生产力。持这种观点的以格兰诺维特为代表。Cohen and Field 研究发现，社会资本是硅谷（区域）经济繁荣和竞争力的关键，激励了创新。克莱因 (B. Klein) 和罗森伯格 (N. Rosenberg) 的链状创新过程模型分析认为，在创新主体内部的各个创新环节之间以及创新主体与外部环境（经济、社会、文化、政治等）之间存在大量的信息流，因此，有效的信息反馈决定了创新的成功。波特也同样认为聚集在特定空间的创新活动可以产生优势的要素能源，降低交流的障碍。这都强调了区域产业根植性发展的必要性。Philippe Martin、Gianmareol Pottaviano 等 (2001) 在综合了克鲁格曼的新经

a 参见 Elena Revilla, Joseph Sarkis, Juan Acosta. Towards A Knowledge Management and Learning Taxonomy for Research Joint Xentures [J]. Technovation, 2005(25):1307 - 1321

济地理理论和罗默的内生增长理论的基础上，构建模型分析经济活动空间与经济增长的关系，认为经济活动的区域集聚，即产业根植性，可以降低创新成本，推动经济增长。

国内学者盖文启和王缉慈认为，产业区域聚集创新活动可以基于产业集群的区域创新网络和植入地区的根植发展，促进各种信息的流通，使得创新知识增值并溢出，降低了交易费用，推动创新在区域内的扩散。石培哲、礼玉刚、杨迅周、丁云龙等从经济学和地理学的角度，研究认为区域集群中创新活动降低了交易成本，网络状联结关系提高了创新的持续能力。

总结国内外学者的相关研究发现，同一产业或相关产业的企业 / 机构通过空间地域的集中，基于专业化分工与协作，获得创新优势，产生区域产业聚集效应，形成一种创新组织形式 RJVs，它根植于该区域，推动长期稳定健康有序的创新协作关系的形成，RJVs 合作组织比市场机制组织更稳定，比管理层级组织更灵活。

2.6.2 RJVs 产业根植性发展研究概述[a]

综上，RJVs 根植于产业的发展模式具有重要的理论基础与现实意义，目前国外学者的相关研究主要集中在 RJVs 产业根植性、互动性和嵌入之后的稳定性三个方面。

（1）有关 RJVs 产业根植性形成方面的研究及评述。Barbara J. Spencer, Ruth S. Raubitschek（1996）的研究充分论证了在国际生产性研发企业的合作中，当存在不完全竞争时，良好的生产和研发合作会使 RJVs 的边际成本超过输入的市场价格。即 RJVs 生产降低了市场价格，提高了良好的利润，促使了 RJVs 产业根植性的形成。该结果的假设是国内企业处于一个依赖外国供应商的寡头垄断市场。Lars-Hendrik Roller、Mihkel M. Tombak、Ralph Siebert（2004）强调了费用分摊和成本节约对于 RJVs 根植于产业经济发展中的益处，RJVs 能够在产业根植中实现内化发展。本书也同意这样的观点，即企业是形成一个包容各方的 RJVs（或选择 R & D 投资于各级合作）溢出的内化，因而有效地增加研发投资将提高社会福利。Morton I. Kamien、Israel Zang（2000）认为在 RJVs 的产业植入过程中，只有当企业感觉到不存在过度外溢的风险时才会参与 RJVs。Lars-Hendrik Roller 等

a 详见张秋英 .RJVs 产业根植性研究综述 [J]. 税务与经济，2012(1)：41-45

（2004）也找到了一些不支持 RJVs 根植于产业存在和形成的证据。他们认为不同类型的企业中，RJVs 所产生的内部溢出和成本分摊可能会导致企业对未来产品市场权利分割的分歧和担忧。在他们的研究中通过建立转换模型（switching-model），支持了企业规模对 RJVs 产业根植性形成的负面影响的理论假设。

除了上述的理论研究外，国外学者也进行了一些实证检验。Gene M. Grossman、Carl Shapiro（1986）研究了美国企业在建构 RJVs 过程中对待反垄断条例的态度，并证明反垄断规定的存在影响了企业参与 RJVs 的热情。Nicholas S. Vonortas（1999）的调查研究集中于考察合资企业参与的动机，并结合公司整体业务的多元化行为进行分析，认为 RJVs 倾向于将不同的工业活动放在一起，而不是仅仅集中于单一的产业。研究发现在多元化的企业中，RJVs 参与者之间的差异性促进了这种合作的“实验”。Sang-Seung Yi（1999）考虑了市场准入方面的政策限制对 RJVs 产业植入形成的影响。Albert N. Link（2001）分析了 1984 年美国国家合作研究法案（NCRA）对 RJVs 的鼓励和促进作用，并证明在产业发展过程中，RJVs 的合作研发的社会可取性。Samiran Banerjee、Ping Lin（2001）研究了产业植入的激励机制，认为纵向 RJVs 使上游供应商有一个内部化效应，使下游成员具有成本优势。研究也发现研发补贴可能会损害社会福利，带动上游企业竞争的增加。Eliane P. Catilina、Robert M. Feinberg（2006）实证研究强调了成本削减和联盟正外部性与卡特尔负外部性在 RJVs 形成过程中的作用机制。

因此，总结众多的国外研究成果，本书认为 RJVs 中的企业之所以能够根植于一个产业发展，归根结底在于制度约束、利益驱动、合作参与方式、创新成本降低以及内部溢出的激励效应。

（2）有关 RJVs 产业根植的互动性方面的研究及评述。

首先，一些学者进行了理论方面的研究。Deepak K. Sinha、Michael A. Cusumano（1991）强调了技术和资源方面的互补性对于 RJVs 企业之间互动的基础性作用。Nicholas S. Vonortas（1999）强调了参与 RJVs 的企业的虚拟化和多样性能够更好地推动 RJVs 企业之间的合作与互动。Rabah Amir、John Wooders（2000）指出了产业互动性合作的战略具有不稳定性。在这种情况下，与 R & D 竞争的利润总额有时会高于与研究合资卡特尔（在不合作的情况下由于成本不对称所产生的双寡头）的竞争的利润总额。Dermot Leahy、J. Peter Neary（2005）引进了合作和互补替代的概念，并用它们来解释所有合资企业选择同等水平的研发时的二阶对称的最佳条件，特别是采取简单的形式排除了过多合作的可替代性和过度的合作互补性，进而论证了 RJVs 产业植入过程中的互动性。Marco Marinucci（2009）考察合资企业成员之间的互动合作关系，研究怎样的状态可以使得这种合作的可能性更大。同时论证了当福利水平提高时，合资企业的利润决定了合作伙伴之间的利益共享是委托给一个独立的合资企业管理（管理共享），而不是由合作伙伴共同采取行动。他认为至少在某些情况下，管理会增加福利共享和 RJVs 形成的概率，以促进成员企业之间的互动与合作。

其次，有些学者进行了相关的实证研究。Reinhilde Veugelers（1998）通过实证检验认为，合作的好处是令人信服的，它允许企业以新的形式进入市场，获得技能和技术，通过重组实现经济的互补性，分担费用和风险，控制竞争力。Michelle S. Goeree、Eric Helland（2008）以电信行业为例，研究了由于政策的变化引发的 RJVs 形成的改变，进而影响了共同福利，但却没有影响研发的协调作用。Jo Seldeslachts、Tomaso Duso、Enrico Pennings (2008) 分析了类似的问题，使用美国国家合作研究法案（NCRA）的数据实证检验结果表明：密集型产业中 RJVs 越大越稳定，企业更容易“勾结”，互动性越强，因为 RJVs 中有以研究为目的的非营利性组织的参与，RJVs 被视为“勾结”行为的一种替代。在此之前的研究中很少涉及这方面的实证检验，因而该研究填补了空白。

本书总结相关研究中的一些新鲜的观点，包括：在最终产品市场中，允许合法的研发合作可能会带来不合法的“勾结”；RJVs 可能会增加“勾结”的强度；宽松政策可能对 RJVs 的形成起到副作用。

RJVs 的研发合作各方互惠共生、相互促进、优势互补、资源共享，以专业化分工与协作为基础，以产业关联为根基的良性的协同竞争关系使得合作方都有更广阔的生存发展空间。同时，创新系统是一个开放的系统，与外界不断进行着资源、技术及信息的交换，创新主体之间、创新主体与环境之间都需要相互适应，最终推动技术不断创新，产业不断提升，创新网络组织不断扩展。

（3）有关 RJVs 产业根植的稳定性方面的研究及评述。近年来，相关研究者有 Gallini（1984），Gallini and Winter（1985），Rockett（1990），Eswaran（1994），Bruno Cassiman（2000），Albert N. Link、David Paton、Donald S. Siegel（2002），M. Pilar Socorro（2007），Jo Seldeslachts、Tomaso Duso、Enrico Pennings (2008) 等。其中有代表性的研究成果包括：J. David Ptrez-Castrillo、Joel Sandonis（1996）认为 RJVs 通常会遇到技术不确定性的情况，他们的预期成本通常取决于专利是否由合伙人披露。然而，我们都知道当合作伙伴去分享他们的知识时，他们同时在培育竞争对手的市场。因此有时 RJVs 使用披露的专利并不赚钱，为此他们考虑用替代 RJVs 的许可合同来传递技术诀窍。此外，他们的研究认为欧盟的技术费用补贴政策对企业的激励机制会产生消极后果，不利于知识的分享。Sang-Seung Yi（1999）研究行业中的垄断者参与 RJVs 的最优政策是“许可”，用于替代市场竞争者分享专利权的方式，避免高成本的竞争。Bruno Cassiman（2000）分析 R&D 中最优政策的选择之一是何时参与 RJVs，而次优政策中的重点则是政府对 RJVs 的补偿问题。Gamal Atallah（2000）的三阶段博弈研究模型认为信息共享和合作研究的成本降低使得 RJVs 更稳定。三阶段博弈论的分析框架一个重要特点是，RJVs 成员之间自愿信息共享的合作提高了企业的信息泄露给外人的可能性。实证检验结果发现，RJVs 代表了企业在同行业中较大的部分更容易共享信息。同时还发现，当共享信息是无成本时，企业一般不选择信息共享的中间状态，即它们会共享所有的信息或根本不共享信息。Sami Dakhlia（2006）在两阶段不对称均衡博弈分析中指出，研发合作可能伴随着激烈的产品市场竞争。虽然这种竞争的增加可能是有利可图的，但它可能使社会效率低下，从而降低了 RJVs 产业根植的稳定性。

综上，多数学者认为，正是因为源于知识传播、研发投资具有外部性和公共品的特点，RJVs 产业根植稳定的政策选择应更多地考虑企业与行业之间的不对称信息问题，主要手段包括“许可”“补偿”等。本书认为 RJVs 的产业根植稳定性取决于三个方面的影响：协调作用、信息共享机制、竞争的效果。同时这些影响可能会增加或减少 RJVs 的溢出效应。当信息泄露量增加时，RJVs 成员会减少它们的 R & D 支出。同时，有关 RJVs 产业根植的稳定性方面的研究，众多的学者集中在“许可”政策的研究上。本书在总结国外学者研究后认为，“许可”

是一种分享研究成果的方式。该项“授权”重要的一点是，它给企业共享信息以直接的财政奖励，这将提高研发的收益率。同时本书对于有关授权问题总结以下几点：第一，“许可”常常发生在两家企业都发现了技术，并试图通过相互交流信息来达到互补性效应，而当一个企业已经发现了一些“容易描述”的新产品/技术，而另一家企业还没有发现它们时，许可似乎也是可行的。第二，当存在两个以上的企业时，授权是有问题的，因为一家企业愿意支付多少来收购“许可”将取决于有多少其他“许可牌照”出售。第三，即使只有两个企业，也只有当买方愿意支付的最高金额超过卖方愿意接受最低价格时，许可才会发生。众所周知，这种情况不会永远存在，特别是当企业生产替代产品并且创新足够大时，授权可能不会发生。第四，当企业生产互补品时，它们会愿意免费赠予它们的创造发明。许可可能会引入战略激励以鼓励企业投资，这将导致过度投资于研发。第五，市场中的垄断者更加愿意签署“事后”许可，即在研发合作之后，该策略的应用使得潜在的对手更加愿意参加 RJVs 并保持其稳定性（张秋英，2012）。

总之，主要由企业、大学、科研机构、政府、金融机构、中介服务机构六个方面组成的 RJVs 中，各个参与主体以 RJVs 合作创新的主体目标为导引，通过知识流动的驱动和教育文化环境的维护，依次经过交流、竞争、合作、分享、评议 5 个基本阶段的动态循环累进过程，在知识创新系统和经济发展系统中运行。正是由于在微观上实现产学研合作一体化，在宏观上达到科教经济活动一体化，才能构建以知识创新为核心的区域网络系统并保持区域产业发展的稳定性。

2.6.3 RJVs 产业根植性效应研究概述

RJVs 在区域产业内根植发展，必定为区域内及区域外带来社会、经济、文化、政治等各方面的效应，相关研究集中在以下几个方面：

（1）公共资源汇集效应。理论与实践研究指出，RJVs 创新所需的公共资源主要包括公共设施（交通运输、邮电通信、教育培训、文化娱乐等）、政府公共供给品（政府的产业、税收、劳动就业等政策）以及公共服务供给（金融、法律、会计等中介服务）。RJVs 产业根植性发展的优势体现在能够克服公共资源使用上的不经济现象，产生区域产业聚集效应。国内外区域创新的聚集地，如硅谷、128 公路、中关村等，都是合作创新根植区域发展所带来的社会公共资源聚集效应的典范。

（2）创新资源聚集效应。已有文献研究表明，RJVs 产业根植性发展能够产生巨大的创新资源效应（包括人才、资金和技术）。各种人才和风险投资都倾向于向产业创新聚集的区域流动。实践中，从 60 年代的半导体技术创新，70 年代的微处理器技术创新，80 年代的计算机软硬件技术创新，90 年代的网络技术创新，到新世纪的知识与科技创新，都充分体现了创新对产业结构升级改造的促进作用。

（3）社会资本扩张效应。社会资本区别于经济资本，是一种实际的或潜在的资源的集中，通过社会网络中人际交往、信任、沟通等多种渠道实现扩张。以往的理论研究和实践说明，良好的社会资本有利于企业 / 机构获得创新资源，减少了创新的不确定性，提高了创新效率。社会资本是 RJVs 产业根植发展的核心竞争力，也是合作创新所带来的巨大效应。

（4）创新知识溢出效应。区域内企业 / 机构间的频繁交流增加了创新技术的“透明度”，知识溢出效应明显。同时，这种区域内知识溢出效应又推动了 RJVs 创新网络的形成和产业根植性发展。学者们的研究认为，创新知识在大学、研究机构、企业以及一些中介机构等组成的 RJVs 网络中经过不断地创造、传播、再创造的流动过程，促进了技术创新和区域产业发展。

2.7 未来研究方向

通过上述对国内外 RJVs 研究文献的梳理发现，目前对于 RJVs 研究还比较表面化和形式化，多数研究只是停留在对 RJVs 内涵外延、组织形式、分类构成、形成动机、规模稳定、溢出效应、风险评价及相关模型的研究上，也就是说，还只是围绕 RJVs 自身的内外“环境”开展研究。而将 RJVs 作为一种创新的合作研发方式和利用外资形式，对相关产业提升、区域创新乃至国家经济发展的作用路径、功能组合、制度安排及绩效测度的研究几乎空白。虽然近些年有些学者对于 RJVs 与相关产业的植入和互动作用进行了研究，但也只是“蜻蜓点水”，并没有深入发掘其背后的作用机理、实现的机制保障以及发展的有效路径。因此，以往研究中的这些欠缺为本书提供了逻辑思维主线和研究方向。同时，相关文献对 RJVs 理论与实证研究也成为本书研究合作创新发展演化及机制建设的功能保障。

第 3 章　RJVs 合作制度的稳定性与有效性研究

合作创新作为一个功能系统具有社会网络的特点，既可以降低创新过程的复杂性，又可以增加创新成功的可能性。同时，RJVs 合作创新网络会受到诸多因素的影响，其中最主要的是制度设计的合理性、技术复杂程度、路径选择的适应性及创新资源基础保障性等。因此，RJVs 合作创新的发展演化过程离不开产业功能基础和制度设计的保障。本章通过借鉴国际合作创新制度建设的先进经验，从技术经济性特性及合作网络社会性特征的角度探讨 RJVs 合作创新制度设计的合理性，进而从产业的视角研究 RJVs 制度建设问题，以天津滨海新区为例分析 RJVs 合作创新的制度设计是否能对研发转化、区域产业提升、贸易投资功能组合以及国家创新系统的建设起到推动作用。

3.1 RJVs 合作制度建设的国际经验

世界发达国家的 RJVs 创新网络的建设已经具有相当长的历史和相当大的规模，其网络的发达性和制度的先进性是我国在推动 RJVs 合作创新中宝贵的学习财富和实践经验。

3.1.1 美国的经验

美国经济学家指出，过去 60 年美国 GDP 的增长一半应归功于技术创新，美国技术创新的中坚力量是企业。美国的研发活动是以大型企业为主体，高额的研发投入为保证，企业、政府和大学等科研机构（也包括非营利性科研机构）及科技中介服务机构等紧密合作的研发网络制度。美国早期 RJVs 合作创新的一个典范是成立于 1982 年的微电子与计算机技术公司（Microelectronics and Computer Technology Corporation，MCC）。它最初由行业中 20 多家企业共同投资建立，其成员包括信息技术领域的企业、大学以及政府研发机构。

在美国，大型企业都有自己的研发实验室，据最新统计，美国 100 家大企业的研究工作量占整个工业界的 80% 以上，年科研资金投入量高达 1000 亿美元，占美国全国科研开支的 70% 左右，雇佣的科技人员占美国全国就业科技人员的 60% 左右。美国 RJVs 合作创新网络的特色之一就是其合作主体包括了一些非营利性研究机构，其中比较著名的有国际斯坦福研究所、巴特尔研究所、兰德公司等。

制度政策方面，美国政府向研发技术投入的政策转移最早出现于 20 世纪 80 年代。1984 年，美国国家联合研究法案（National Cooperative Research Act，NCRA）的出台为其国内企业技术联盟合作的发展提供了政策支持。该法案重新制定了对 RJVs 评估的方式，降低了 RJVs 由于违反反垄断法而需要交纳的赔偿金。该法案及其后的法律法规都为 RJVs 合作创新网络在美国的发展提供了制度支持，提高了研发效率。

3.1.2 日本的经验

日本如今能发展成为在世界经济中占主要地位的经济大国，并在许多高新技术行业与制造行业具有领先优势，要归功于其合作创新体系建设的成功。如今，很多国家都纷纷效仿日本对研发的重视态度，对技术的合理利用方式，以及 RJVs 合作创新制度建设的先进经验。

日本政府和企业对技术知识传播及知识产权的重视，企业对技术人员的高效培训，私人部门对技术研发持续不断的高额投入等因素都为日本科技的迅猛发展和 RJVs 合作创新奠定了基础。“二战”后日本放弃了“自由贸易论”古典经济学家所倡导的基于传统竞争优势论的发展战略（Shinohara, 1982），而是从动态的分析角度建立一种新的经济结构，以提高经济的有效供给能力，借鉴西欧和北美的同类部门，制定长期技术政策，构成“官产学研”相结合的合作研发体制，形成了以民间企业为主导、以大学等科研机构和政府为辅的合作模式，并建设 RJVs 合作创新网络。

制度政策方面，从 1961 年出台的《矿工业技术研究组合法》促进组成非营利性研发合作同盟，到 1995 年出台《科学技术基本法》来鼓励和支持产学研进一步加强合作研发（齐欣，2010）。政府通过完全出资资助或提供贷款等途径对 RJVs 合作创新制度的建设提供资金保障。

3.1.3 欧洲的经验

从支持力度上看，欧盟启动了一系列框架项目（1984年启动第一个框架项目）并陆续投资数十亿欧元用以资助 RJVs 的形成和发展，为经合组织国家促进技术合作开发。最为著名的 RJVs 是欧洲信息技术研发战略计划（European Strategic Program of Research and development in Information Technology，ESPRIT）和欧洲研究协调机构（European Research Coordinating Agency，EUREKA[a]）。

从行业上看，近 20 年欧洲 RJVs 研发的领域主要集中在五个方面：信息系统（3118 个 RJVs，占 12.85%）、材料（2726 个 RJVs，占 11.23%）、工业制造（2664 个 RJVs，占 10.98%）、航空航天技术（2417 个 RJVs，占 9.96%）、微电子（2309 个 RJVs，占 9.51%）、电讯（1051 个 RJVs，占 4.33%）、可再生能源（1040 个 RJVs，占 4.29%），以及生物技术（3% 以下）[b]。

（1）英国：1983 年英国第一个重大研发合作 ALVEY 项目为此后英国的 RJVs 合作创新积累了经验。而后英国主要的促进 RJVs 合作创新的国家级项目包括 ATP 项目和 LINK 项目，都促进了企业界和学术界的广泛合作，并得到了英国政府大力的政策及资金支持。虽然相对于其他国家，英国的研发支出很低，但是其产品的商业附加值很高。

（2）法国：法国参与了欧盟合作框架项目中 42% 的启动项目，积极促进 RJVs 合作创新网络在其国内的发展。法国政府制定相关政策法律法规以促进多样化的合作路径，实现有效地将公共和私人研究结合起来，包括建立联合研究中心和实验室（大学等科研机构、私人实验室等）、签订技术转移合同、设立技术研究基金（FTR）引导并资助合作制度建设、成立国家技术研究中心实现实验室研究和企业生产的对接。

（3）意大利：在欧盟中，意大利的大企业参与研发合作活动的比例是最高的，它们积极地与大学、国内及国外的企业、研究机构等建立 RJVs 合作关系。同时，公共机构与私人机构也广泛合作。此外，意大利政府鼓励并促进技术园、公共实验室和各类研究中心的组建。

---

a EUREKA，即“尤里卡计划”，“尤里卡”一词是古希腊语，意为“找到”“发现”

b 数据来源：刘婷婷 . 基于国家能力的研究型合资企业（RJV）研究 [J]. 2010

意大利政府颁发相关法律促进企业、大学和公共（或私人）机构之间合作研发制度的建设，并且对 RJVs 合作创新网络中各个主体的利益分配问题进行规定。同时，还给予中小企业在参与 RJVs 方面一定的补贴。

（4）芬兰：在芬兰，企业的项目必须找大学或研究机构作为合作伙伴才能得到资助，这是芬兰实施的国家科技计划最重要的部分，也成为芬兰合作创新制度的突出特点。因此，形成了企业、大学和科研机构三位一体的 RJVs 合作网络。据统计，芬兰的企业与大学、研究机构有合作项目的约占一半以上，大学、研究机构里的学者一半以上都会以不同形式参与科技成果转化的经营活动和技术咨询服务。

20 世纪 90 年代芬兰所采取的各类推动经济发展的政策，为其技术的创新带来了正面影响。例如，对大学、科研机构和企业创新链的全面经济支持以获得对产业的充分调控权；大力投资高科技产业但决不过度干预其发展；鼓励企业间的协作以促进对技术创新类基础设施的投资；支持科技园建设以引导企业增加创新投资。

（5）瑞典：瑞典的 RJVs 合作创新网络也是由企业、公共管理部门、大学、研究机构、政府等主体的密切合作并形成长期合作伙伴关系，研发活动统一由专门部门负责管理，以确保研究方向是企业和公共管理部门所需要的，实现了科技创新资源的优化流动和配置，提高了企业技术创新和产业化的能力。瑞典的 RJVs 合作创新网络中居于主导地位是拥有强大研发投入的大跨国公司，在瑞典全国的研发投入占 GDP 4% 的情况下，几个跨国公司的研发投入就占了 GDP 的 3% 左右。瑞典政府设立国家创新局（VINNOVA），积极促进大学、科研机构和企业进行科技与商业的合作，推动研发投入资金注入科研成果。政府也从政策上支持合作研发制度的建设，以推动技术创新和产业化进程。瑞典 RJVs 合作创新网络主要集中在六大战略性领域，劳动开发、生物技术、信息与通信技术、制造业与材料、服务业、运输。

3.1.4 澳大利亚的经验

澳大利亚政府始终大力支持 RJVs 合作创新制度建设以促进高风险项目的开发，政府不仅是合作项目的重要投资主体，还制定相关政策法律法规以促进中小企业和服务业的参与合作研发，它们是澳大利亚经济合作创新的主体。在澳大利亚，合作研究中心（CRC）是类似于RJVs的重要合作创新模式，它是由私人机构（各类企业）、大学、科研机构、工业协会、政府等组成的合作机构，提供各种合作项目，成为技术开发与使用之间的桥梁。而且，CRC还规定其组织成员中至少要包括一所大学或科研机构和至少一个私人机构。这种合作研发制度鼓励技术和知识的转移，并促进创新思维向产品和服务的植入，成功实现了研发成果的经济、社会、环境、文化等应用价值。

总结各国的成功经验，相对于独立创新方式，RJVs合作创新制度的建设提高了技术创新水平和速度，节约了研发成本，增强了自主创新的能力。因此，随着社会经济发展和社会分工深化，RJVs合作创新的这种制度安排成企业间竞争的关键要素，牵引区域贸易投资组合的动力，产业提升和经济发展的有力保障。

3.2 RJVs合作制度稳定性研究

合作创新的一个重要内容就是其制度设计，怎样的制度安排才能促进技术知识的生产与科研成果的转化，才能使合作研发成为支撑区域产业发展的基石，才能有助于突破国民经济发展中的重大瓶颈，实现自主创新的战略目标。本章首先从技术知识本身的特征及合作网络的特性两个方面来探讨RJVs合作创新的制度安排合理性问题进而，分析该合作制度的稳定问题。

3.2.1 技术知识特性视角下的RJVs制度安排研究

由于合作创新的核心目标是生产出新的技术知识，因此本部分从知识的经济性和技术创新的社会性两个角度来讨论RJVs合作创新的制度安排。

（1）源于知识特殊经济性的制度安排的讨论。作为知识的技术具有一些非常独特的经济性质，必然约束着制度选择和安排，下面基于知识的两个特征来阐述。

①基于技术知识具有类似于公共物品的非竞争性和非排他性的特点。知识通过传播，非但没有减少，反而扩展了它的应用范围。但是，知识的效用和收益水平可能会因其传播而受到影响，因为新知识的创造者难以对从该知识中获益的每个人收取费用。作为知识的技术也是有同样的情况。因此，在没有相应的制度安排下，最初拥有某项技术知识的人不大愿意将该项技术披露给他人，鼓励技术知识的传播与分享会遇到新技术生产不足的问题。

针对这种情况，就会产生倾向于信息披露——分享技术知识的制度安排，也会产生倾向于赋予保守技术知识秘密合法性的制度安排。因此，根据知识的公共物品特性，可行的制度安排可以分为三类：第一类是林达尔（1994）首先提出来既要公开披露新知识又要求该项知识的其他使用者交付使用费这一观点，这是创造市场或增进市场的方法。然而存在一个问题，就是由于不同的用户对该项知识的价值评估是不一样的，因此，无法形成像普通物品在市场上那样的统一定价，无法交付某项知识的使用费。因而，这种信息分享结合使用付费的方法仍难以保证知识产权的拥有者占有该项知识所创造的全部收益。第二类是萨缪尔森提出的一种替代市场的解决方法，即政府直接投资研究工作，投资项目和投资数额由公共决策确定。然而，现实经济发展中，市场的主导机制作用是无法替代的，政府在技术知识创新过程中只能起到引导、监督及调控的作用。第三类是庇古首先提出来的一种补充市场的解决方案，即政府补贴，就是给予各种私立机构（企业、研究机构等）直接的补贴或间接的减税，来弥补私人机构在技术知识生产中的资金不足。

基于第一类制度安排所强调的知识生产的核心是知识创造者（企业、大学等科研机构是技术创新的主体）、第二类制度安排所强调的市场主导机制作用的发挥，以及第三类制度安排所提出的政府行使补贴和调控职能，这三类综合应用正是现今经济发展中所呈现出来的一种实用且有效的制度设计方案。

②基于技术知识具有耐用性的特点。普通物品会因使用次数的增加和使用时间的延长而损耗，知识非但不会，反而出现因使用而增值的情况，这也正是阿罗(1962) 和罗森伯格（1982) 分别讨论的“干中学”和“用中学”现象，即知识的

耐用性。既然可以从知识的运用中获得新知识（知识使用中的增值），那么知识的再生产就会消耗成本，重复制造已有的知识是一种资源浪费。

针对这种情况，所对应的制度安排应不鼓励对某项知识的重复发明创造。因此，产业组织理论和微观经济学经常用创新的结果（技术知识）来推断相应的制度安排是否合理。

同时，在技术创新过程中，必须考虑新知识被运用的时间长度和范围广度，但是，技术类别的不同会导致知识在时间和空间上增值程度的差异，由于无法完全正确地预判，因此可能会偏离最优的技术知识生产路线，这就要求创新制度的建立要考虑尽可能长的时间范围并在创新活动中根据实际情况及时地调整。

（2）源于技术创新特殊社会性的制度安排的讨论。技术创新是一种社会性的活动，它必然具有社会性的特征，下面从三种情况讨论制度安排问题。

① 在没有正式的制度安排情况下，技术成果无法受法律的保护。因此在非完全垄断市场下，如果创新者将其技术信息分享给他人，他就无法再独占创新所带来的收益。

由于知识传播和创新扩散成本低廉，技术创新的收益就会受到影响，因此创新者进行技术创新的预期收益必然降低，当无法充分弥补其创新成本时，创新活动会减少。因此，当对技术创新活动缺乏正式的制度安排时，技术创新的数量会减少，甚至会由于创新者隐藏技术信息、保守创新秘密，而激发重复创造，增加社会成本。

② 在对技术创新予以商业秘密保护的情况下，创新者可以自己保守商业秘密，也可以寻求法律上的保护，也就是说创新者在授权某人（或某企业）运用其某项商业秘密后仍可以拥有它，这实际上就给商业秘密保护法律法规提供了有效运用的区间。同时，随着授权数的增长，实施商业秘密保护的法律成本会增加，甚至引发工业间谍行为，因为窃取的商业秘密可以包装成独立发明的形式以获取更大的收益。

③ 鉴于商业秘密在法律保护上的诸多问题，我们考虑另外的保护技术创新的制度安排：专利制度。与商业秘密保护制度安排相比，专利许可的申请人可以在充分了解技术内容和适用范围的基础上评估该项技术对自己的价值，从而减少

技术许可过程中的不确定性，降低交易成本，激励创新，会带动围绕已有专利开展的周边创新研究活动。同时，专利使用有效期的长短可能会引致重复的研发投入或降低技术创新的激励作用。

总之，技术知识的外在性使竞争对手可以无偿提高利润，挫伤企业创新积极性，造成研发投入较低，但是知识的溢出性却有利于提高社会福利。政府通过包括专利在内的知识产权保护制度解决失灵问题，但专利的垄断性使其他企业不能分享技术创新的经济收益，其政策连贯性在一定程度上抑制了技术进步。简言之，RJVs 合作创新的制度安排有利于共享资源、避免重复投资、缓解个体创新遇到的市场失灵问题，以及获得维持长期研究连续性的投资。

3.2.2 创新网络特征视角下的 RJVs 制度安排研究

当今世界各地的实践已经证明“区域”创造了世界多数财富，不论是高科技产业还是传统产业，其集群式根植性发展所构成的“区域经济”是市场经济下工业化发展到一定阶段的必然产物，区域合作网络是产业的区域化发展潮流，也是一种新型的区域经济发展模式，更是区域内部社会活动和社会关系的总和及国家经济的空间系统。因此，在知识经济时代，区域经济体系的建立与完善占据国家经济发展和国家创新系统中的重要位置。

区域创新体系通过与外界环境的相互作用和系统自身的自组织行为维持创新的运行和实现创新的可持续发展。区域创新体系的内核强调参与创新主体之间的合作是提高创新绩效的关键，而这种合作是否有效，关键在于制度设计是否合理。制度包括正式制度和非正式制度。前者包括政策、法律法规等，后者包括文化、历史、传统习惯等。不同的区域在政策、法律、文化、习俗等方面都存在很大差异，很难建立一个统一的、能保证各个区域合作创新体系都有效运转的制度。因此，在同一个区域内通过政策、法规形成的正式制度和通过文化、传统形成的非正式制度更容易被区域内各群体、各组织所认同，因而区域合作创新系统更容易建立和完善。

“创新网络”的概念由弗里曼（Freeman，1991）首次提出，并认为创新网络是应对系统性创新的一种基本的制度安排。创新网络是正式与非正式相合并、组织内部与跨越组织相结合的合作形式。“区域合作创新网络”是对区域发展、产业创新、企业合作的高度概括。合作创新网络把参与创新的主体间复杂的交互联系和模式概念化了，因此网络的整体创新能力大于单个创新能力的累加。

在合作创新网络制度的设计中，要特别明确参与合作创新的主体，包括网络（区域）内的企业、大学、科研机构、中介服务组织、政府等。而区域内的合作创新之所以成为一个网络，就在于创新体系中除了上述创新主体外，还包括创新基础设施、创新资源、创新环境、外界互动等要素，归纳为功能要素和环境要素，其中功能要素包括技术创新、管理创新和服务创新等；环境要素包括体制、机制、政府调控、基础设施建设和保障条件等。正是在这样一个非线性互动的创新系统中，企业为追求利润最大化而推动技术开发与应用并寻求科研机构的支持，大学等科研机构为实现科技成果的转化而参与企业的经营活动，市场需求及竞争、垄断等市场结构引导技术创新的方向，政府的科技、产业、区域发展规划及体制改革、财政、信贷、贸易、投资等经济杠杆拉动技术创新的发展。企业战略目标与市场竞争环境和政府政策法律之间的紧密联合和耦合互动决定了技术创新的方向、水平及时间长度，并对区域内社会、经济、生态、文化等产生影响，从而形成了合作创新的网络状结构组织。

综上，区域创新是一个具体的、复杂的社会实践过程，会受到社会、科技、政治、经济、文化等多种因素的制约和影响，因此，合作网络的制度安排的合理性与长远性对于技术生产与应用及区域创新体系的建立有着至关重要的作用。而最终自主创新目标的实现也是资源、制度、政策共同催化的结果。只有形成企业、大学等科研机构、政府、中介服务组织四位一体的创新网络体系，通过制度安排的基础保障，通过政府调控的激励支持，通过文化的凝聚与驱动，企业竞争力、产业结构和区域经济发展水平才能提高，最终实现研发成果转化和科技产业化，加速自主创新进程。

3.2.3 RJVs合作制度稳定性分析

RJVs稳定性是指由于长期重复博弈以及隐性契约本身存在的诸多人事理方面的负面因素影响，导致RJVs合作各方的背离合约、技术溢出风险、信息不对称、收益分配等问题，从而威胁到RJVs合作机制的长期稳定发展。

RJVs合作制度为什么会不稳定？首先，由于RJVs合作的各方都是独立的经济利益体，其对最终产品市场的关注以及机会主义行为都会增加 RJVs 合作制度的不稳定性。例如，RJVs 合作成员由于担心自己的投入在合作过程中被其他合作伙伴学习、消化并吸收，反而增强了合作伙伴在产品市场上的竞争地位，因此每个合作成员都不愿过多的向 RJVs 组织投入，进而产生背弃协议的行为。另一方面，虽然预期的合作收益能够相对提高 RJVs 合作制度的稳定性，但是如果 RJVs 合作者之间的收益分配问题不能很好地解决，那么合作成员就有可能违反 RJVs 契约，甚至可能导致 RJVs 合作制度的崩塌。

因此，为了提高 RJVs 合作制度的稳定性，就需要防止 RJVs 成员违反合作制度的行为，巧妙利用成员对失去未来更广阔的合作机会和盈利的顾忌心理，使得维持持续合作并保持长期收益的可能性超过违反合作并破坏 RJVs 稳定性的短期好处。同时，积极推行政府 R&D 补贴政策，充分发挥其“乘数效应”和“正溢出效应”，刺激经济快速增长的同时，增强私人部门对 R&D 投入的动力，调节 RJVs 合作成员的研发收益分配，充分发挥各成员的资源整合能力，增加技术密集型产品在国际市场中的份额，优化国际贸易方式，调整产业结构，从而间接影响国际分工格局，提升产品在国际生产链中的地位，进而提高社会福利。

3.3 RJVs 合作制度建设

从实践和理论的视角探讨了 RJVs 合作创新制度的合理性之后，接下来讨论制度如何建设的问题，建设过程中需要考虑哪些因素是本部分的研究重点。对于正式的制度建设问题，本书主要在第六章的对策建议部分提出。本章只针对文化的形成、习惯的培养两个非正式制度建设问题进行讨论。

正如乔尔·布利克和戴维·厄恩斯特的研究指出，驱动企业间竞争动力已经不再是传统的低成本高品质及优质服务了，而是它们之间的交流学习与紧密合作。

学习与协同是 RJVs 合作创新过程中两个最主要的制度建设内容，学习培养习惯，协同培育文化，本节将对这两个问题进行分析。

3.3.1 RJVs 合作创新中学习制度建设

（1）关于合作网络学习的研究现状。许多学者对网络学习都做了较为详细的研究。最早戴维 (David，1975) 和罗森伯格 (Rosenberg，1976，1982) 分别指出在合作网络里“干中学”和“用中学”可以增加创新，提高生产效率，并植入技术扩散的自组织模型中。之后很多学者都对网络学习过程与作用进行了研究，如萨哈尔 (Sahal，1981)、纳尔逊和温特 (Nelson and Wmter，1982)、道西 (Dosi，1988) 研究认为网络学习能够使企业在特定的方向上加快技术进步。梯西 (Teece，1986)、科恩和列文 (Cohen and Levinthe，1989) 研究明确了网络学习在企业创造和吸收技术过程中的积极作用。M. Landabaso，C. oughton、K. Morgan 等都认为网络学习能力是决定创新能力的关键因素。Edward J. Malecki 等认为创新过程是学习过程，并应用创新网络方法取代现行创新模型方法对创新系统的作用进行了研究。还有学者对网络学习的绩效及决定因素进行研究，如伦德维尔 (Lundvall，1988) 和冯·希帕 (Vonhippel，1987) 讨论了合作网络内企业、供应商、顾客在合作中的学习过程与绩效。国内学者主要从创新的角度对于网络学习的环境、机制等进行了探讨，如王缉慈等（2001）认为以多种不同的方法建立创新环境的网络学习是必要的，在网络中通过各种知识的交流促进了创新。魏守华等（2005）认为，网络内企业通过合作相互学习，制定技术标准，从而增加进入网络的企业数量，使网络运行更加理想。

（2）对合作网络学习模式的认知。合作网络中参与主体的相互学习与交流促进了技术创新从技术源向潜在使用者的扩散，技术扩散有三种常见模式：企业间扩散模式，主要以采用技术创新的企业数占潜在采用者总数的比率来度量；企业内部扩散模式，主要用技术创新的产出占潜在总产出的比率来度量；总体扩散模式，前两者的叠加，主要以整个产业中使用技术创新的产出所占比率来度量。

RJVs 合作创新网络中，技术创新者（生产者）、潜在使用者（用户）、技术供给者（大学等科研机构）、政府、中介、外界环境等要素之间进行相互联系和作用，网络学习才能在技术创新扩散过程中建立自身的内在规律。网络学习的模式本质上就是一个从技术创新成果的输出到输入再到输出的过程，并受到政策、经济、法律、文化、自然条件等环境因素的影响。只有当合作网络中的众多技术创新成果有效扩散时，才能推动创新成果的商品化进程，才能推动高新技术的产业化和经济结构的升级。

（3）RJVs 合作网络学习制度的构建。RJVs 合作创新网络是一个动态性的开放的复杂系统，该系统为其成员提供更广阔的多层次多环节的学习平台，使创新在交流和学习中不断成熟。各个成员通过网络联系获取创新所需知识，形成网络学习机制。

① 构建实结点与虚结点的交互联系。合作网络中各种资源通过流动与交汇形成网络结点。交流越频繁，结点越多，有效联系的结点越多，创新能力越强。RJVs 合作中的企业、大学、研究机构、市场中介组织、政府等作为网络的参与者，构成了实结点。新的思想、新的技术经验、新的创新成果、新的信息等通过网络中的交流学习而产生，构成了虚结点。网络中的实体创新者通过交流学习将新技术在网络内部迅速流动，这种创新的思想及成果沿着网络连线在网络中快速传递并频繁反馈，正是这种实结点与虚结点的交互联系及碰撞，推动创新成果的不断涌现。

② 构建垂直与水平的交互联系。根据 RJVs 的内涵概念，在合作网络中也分为垂直和水平的网络学习模式。垂直型网络学习是推动合作的纵向集成。比较常见模式的包括：网络成员间互相派遣技术人员，提供技术咨询、接受技术培训；通过建立协会实现制度化的知识共享等。水平型网络学习主要是有助于推动创新横向集成的有效模式，通过网络学习，水平相同的同行企业之间可以分享技术创新的成果，各自都可以实现提高价值创造的功能。

3.3.2 RJVs 合作创新中协同制度建设

企业通过与其他企业、机构的合作获取关键资源成当今企业发展不可或缺的一种重要途径。企业的技术创新过程与外部环境形成网络状的关联，企业在整个产业链上寻找并获得创新资源，通过协同实现创新。特别是在模块化生产时代，探讨合作协同制度建设，更具有理论和现实意义。

（1）合作网络协同创新的模式。① 创新资源的分析视角。合作网络协同创新模式就是企业间或企业与大学等科研机构之间联合开展创新研发活动的路径选择（见图 3–1）。这种协同创新的模式有利于整个网络资源整合，分散创新风险，缩短创新周期。

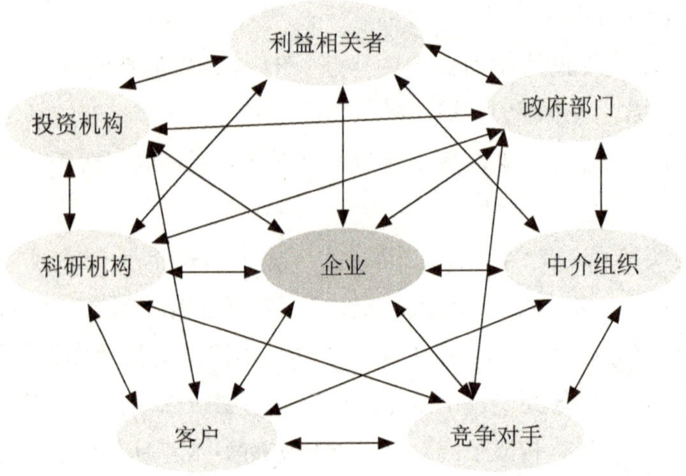

图 3–1 RJVs 合作网络协同创新中的成员关系

这个模式的局限性在于：企业无法独占其创新成果所带来的绝对垄断优势；同时，在合作创新中会出现机会主义行为，侵害其他成员的利益。

学者们将图 3–1 的合作网络的类型进行了区分，有代表性的研究如下：

Estades and Ramani（1998）按照网络中企业的连接对象的不同，将合作网络划分为 5 个子网络：科研网（企业与大学 / 科研机构、政府实验室的合作）、企业网（企业间合作）、专业网（企业与专业协会的合作）、政治网（企业与政府部门的合作）、金融网（融资等）。

Rosenfeld（1996）根据网络性质的不同，把合作网络划分为硬网络和软网络。硬网络是企业联合起来进行共同研发、共同销售、共同市场开发等；软网络是企业分享信息，获得新技能的交流平台。

② 创新方式的分析视角。在模块化分工时代，每个独立的创新环节分别位于整个产业链条上成为一个个模块。每个模块除了在整个产业链上进行协作创新外，还可以在遵循系统规则的前提下开展独立研究，而不受到其他模块的影响，竞争后最优秀的模块获得了合作创新系统的最终选择。这就是网络模块式的协同

创新模式（见图 3–2）。

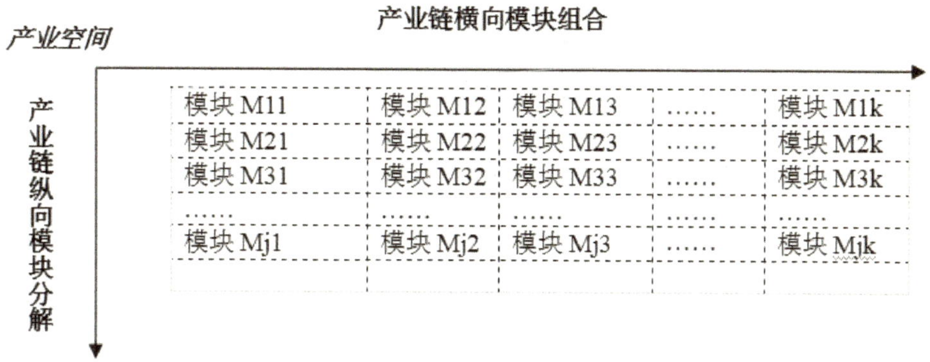

图 3–2 网络模块式的协同创新关系

如图 3–2 所示，产业链上的每一个模块独立开展研发创新，模块化分工降低了彼此之间的知识关联，减少了研发风险。例如，当今个人电脑制造的产业链已经高度模块化。从纵向角度，个人电脑生产可以分解为 CPU、内存、硬盘、显示器、系统软件、组装测试等环节，实现了模块化分工；而生产每一类模块都有各自的生产供应商。例如，生产 CPU 的厂商有 Intel 和 AMD，生产内存的厂家有 Samsung、Infineon、Fujitsu 等。

在图 3–2 合作创新系统内，随着设计规则和技术标准的动态演变，各个模块之间需要协调彼此的创新内容和速度，以保证系统创新的一致性和稳定性。在这种协同创新中，企业不需要共享自己的专有知识，而是通过对各独立模块的知识进行重新整理，通过系统的知识共享机制使各个模块的知识上升为整个网络的知识，实现创新技术的互补、分享与整合，从而不断推进系统设计规则和技术标准的演进，并形成创新网络的新知识体系。

（2）RJVs 合作网络协同创新制度的构建。按模块化分工方法，在 RJVs 合作网络协同制度的构建中，系统中的各个模块要在研发过程中充分考虑网络系统的整体性，全面评价自己对系统中其他模块的可组合性、可测试性及需求性。负责生产各个模块的企业组织应提供面向整体网络的反馈信息，优化产品的总体性能和效益。

同时，在合作创新过程中，企业和其他组织机构更加注重彼此间协调机制的建立，由各成员组成合作网络管理机构，主要负责协调性工作以减少各成员之间摩擦，提高创新效率，并完善应急机制以减小合作网络系统的风险。

3.4 RJVs 合作制度案例——有效性分析

通过前文从 RJVs 合作创新制度的国际经验、相关理论分析及如何建设等问题的研究，本部分以天津滨海新区为例，讨论 RJVs 合作创新制度在区域发展中的实践，考察从改革开放初期的技术、资金引进的 IJVs 模式（International Joint Ventures, 国际合资企业），到知识经济时代的合作创新 RJVs 模式的贸易投资牵引的制度变迁，并提出自主创新的 RJVs 运作机制。

3.4.1 滨海新区 RJVs 根植性发展的理论基础

天津滨海新区已被纳入国家整体发展战略，并成为继深圳特区、上海浦东新区之后的中国经济增长的第三极，尽管各地区改革侧重点不同，但都是力求建立开放、竞争的市场体系，加快我国转型经济的发展进程。正如周立群（2009）所言，“发展滨海新区是一个历史命题，是京津冀都市圈崛起的引爆点”。因而，滨海新区的制度设计不但是改革实践的前沿，更是转型经济的重大理论命题。

针对合理的制度设计有助于实现有限赶超战略，很多学者进行了研究。Peters、Elliot、Cullenberg 等（1998）认为，应该考虑到效率、市场力量、制度的重要性等才能实现转型的成功。Kolodko（2001）认为新的制度安排是转型成功的决定因素。林毅夫（2001，2005）指出，在转型过程中，传统企业对外不具有竞争优势的问题就转变为企业没有自生能力的问题，企业开放与自生能力问题的解决是中国转型经济平稳发展的关键。因此，滨海新区应寻求新的制度安排，以提高制度运行的效率和企业的竞争力，并加快经济的转型步伐，实现对领先经济区域的有限赶超。

金祥荣、朱希伟（2002）针对“原发型”专业化产业园区起源的解释可以为滨海新区制度设计的演化提供一个解释，即特定产业要素在特殊地理空间内的集聚。对于深圳、浦东和滨海新区而言，经济功能区的演化是建立于不同产业要素基础之上的。多年改革实践表明，滨海新区从建立国际合资企业（International Joint Ventures，IJVs）到建立研究型合作组织（Research Joint Ventures，RJVs）的转化，正是产业要素升级的表现，并在这个过程中对研发转化产生推动作用，提升了技术的扩散效应，进而加快改革开放的进程。这种观点可以通过历史经验给出逻辑解释。改革开放初期 IJVs 曾经是滨海新区一种重要的制度设计形式。Bartlett、Ghoshal（1995）、Kanter（1994）、Parkhe（1996）等指出，IJVs 对于适应复杂的投资决策、建立竞争优势和应对环境的挑战具有重要意义。H. Kevin Steensma、Jeffrey Q. Barden、Charles Dhanaraj、Marjorie Lyles、Laszlo Tihanyi（2008）则分析了转型经济在运用 IJVs 过程中可能出现的合资企业被本地或国外母公司收购的风险。Yannis Caloghirou 等 (2004) 在对 IJVs 的相关研究中指出，发展 IJVs 可以进行研发成本和风险分摊，扩宽融资渠道，获得互补资源和技术，创造投资选择和就业机会，提高技术标准，利用法律和政治优势等。

随着改革的不断深化和经济体制的不断调整，近年来 RJVs 在滨海新区呈现发展的趋势，它是否能成为滨海新区的一项重要的制度设计呢？这正是本节所要阐述的内容。RJVs 是发达国家节能型技术创新的制度基础。在 RJVs 的发展中，Reus and Ritchie（2004），Hall、Link、Scott(2000) 和 Reuer、Tong（2005）在考察 RJVs 的绩效时，指出应该吸引政府、工业企业和大学等共同参与研究过程。齐欣、赵勇（2005）认为 RJVs 发展确实有助于改善现有制度设计下战略性研发投入不足的问题，并实现最大的效益。平新乔等（2007）学者的研究结果发现滨海新区对外开放的程度很高，但是 FDI 对于技术扩散的效果而言，外资的作用不明显，且阻碍内资企业的研发投入，而港澳台资本具有一定的促进作用，有利于推动滨海新区立足高新技术产业，建立第三经济增长极，实现战略赶超的目标。这也间接地评价了 RJVs 合作创新的制度安排在滨海新区的绩效。

综上所述，以往的研究都与本节研究 RJVs 对于滨海新区的制度设计和自主创新的促进作用及加强研发转化地位的研究视角存在差异。因此，本部分没有遵循以往大部分研究对滨海新区管理体制研究的思路，也没有单独考虑 RJVs 的运作机制，而是从滨海新区新兴的独特的产业要素基础——RJVs 为出发点，考察 RJVs 根植性发展问题，分析这种核心要素对于滨海新区制度设计，进而推动改革开放和自主创新的作用机理。

鉴于此，本节将结合比较优势理论，分析天津市滨海新区进行研发活动的关键要素基础、模式以及 RJVs 所能带来的利益，进而基于研发活动发展的现状，从区域经济发展的视角为天津市建立研发转化基地提供理论支撑。

3.4.2 滨海新区 RJVs 根植性发展的关键要素与机理[a]

从深圳、浦东到滨海新区，每一次经济重心的迁移都是扩大开放的必然要求，并对资本形成、就业、出口贸易、市场发育和产业提升具有重要的意义。人们通常把吸引外资作为对外开放和市场换技术的重点，即用中国的市场价值和空间换取国外跨国公司的先进技术，以加快技术溢出效应，提升本地产业的技术水平，带动周边区域的发展，实现国家以点带面的区域经济发展战略。也正是在这样背景下，滨海新区的发展战略就是依托前期 IJVs 的坚实基础，力图推动科技的研发转化，建立技术先导的新的经济增长极，推动 RJVs 的建设与壮大，打造自主创新能力，提高产业竞争力。目前，RJVs 在滨海新区还是刚刚起步，还处于 RJVs 初步探索的雏形阶段，更多地被称为产学研合作研发。

（1）滨海新区 RJVs 根植性发展的制度安排是否具有科学性。从理论演进的历史逻辑看，对 RJVs 地域根植性的解释，经历了从古典区位理论、新古典主流经济学的经济因素分析，到社会经济网络理论、新产业区理论、企业竞争战略理论等对制度设计关注的转变。

古典经济学认为，企业合作能够在一定区域内集聚并在生产、技术和分配等方面发生紧密联系，其本质就在于成本的节约以及产业在那个区域的形成，而这也正是滨海新区这种制度安排的优势所在。同时，这种制度安排还受到城市等级的影响（Walter Christallor，1933），为此选择天津滨海新区对于实现优势的产业

a 详见张秋英 . 天津滨海新区在改革开放和自主创新中促进研发转化作用研究：一个 RJVs 根植性发展的视角 [J]. 中国管理科学，2010（12）：171-176

要素和研发资源的集聚发展具有突出的优势。

这种简单的区位集聚似乎还不能解释 RJVs 在滨海新区根植发展的内在机理，为此新古典经济学者 Francois Perroux（1949）运用经济增长极理论，通过产业关联、外部效应以及最终的产业集聚，确保 RJVs 作为推动工业在特定的空间内的聚集发展，通过关联产业的深入分工以及产品内的分工实现经济规模报酬递增并降低交易成本，推动滨海新区的赶超战略。这种产业关联的分析视角虽然揭示了产业要素相互关联的优势，却没有揭示制度在其中的作用，即滨海新区是否能够对 RJVs 在研发转化中产生作用做出合理解释。

新经济社会学的代表人物 Granoverttor（1985）指出经济行为是根植在网络与制度之中的，这种网络与制度是由社会构筑并具有文化意义的。Yannis Caloghirou 等 (2004) 在对 RJVs 的相关研究中指出，发展 RJVs 的动机就在于进行研发成本分摊，保持连续性研发投入的融资渠道畅通，获得互补资源和技术，促进研究的协同作用等。

基于上述分析，滨海新区可通过提供正式和非正式的制度安排来增强创新和地方才智，实现 RJVs 在本地的扎根和结网所形成的地方聚集优势，构筑起企业（组织）间交流与合作的系统，从而增强技术创新的能力和竞争力。

（2）滨海新区 RJVs 根植性发展制度的关键要素。滨海新区能够实现对领先经济区域有限赶超战略的特殊产业要素是独特的 RJVs 企业和研发资源，为此很多学者对这种制度设计的关键要素进行了归纳，即基础研究实力（Nicholas，1989）、产业厂商的接近程度（Kamien，2000）和 RJVs 的规模（Atallah，2002）。对于承接国际产业转移和实现自主创新的 RJVs 来说，基础研究实力不容小觑，因为离开了大学的科研机构和国家实验室等重要的产业依托（Bronwyn H.Hall 等，1995），RJVs 就不能在滨海新区的制度框架内发挥其产业价值。但是，仅仅是科技实力的支撑还没有办法实现研发成果在产业内的转化，这就要求滨海新区的产业要素具有较好的产业关联，充分发挥技术的溢出效应，加强对国外先进技术的吸收和创新能力。此外，滨海新区要实现成为第三经济增长极并带动环渤海地区经济发展的战略目标，还必须进一步扩大对外开放的规模，并壮大 RJVs 的合作研发能力，充分发挥滨海新区的制度优势。

（3）滨海新区 RJVs 根植性发展的资源条件。① 产业聚集效应明显。以产业聚集促进产学研合作是天津市产学研战略合作的主要特征之一。天津滨海高新技术产业开发区不仅吸引多家世界 500 强企业落户天津，还积极促进本土有实力的高新技术企业进行技术创新活动。产业关联性较强，重点强化高新技术专业领域。这些企业的研究涵盖国家重点支持的电子信息技术、生物和新医药技术、航空航天技术、新材料技术、高技术服务业、新能源及节能技术、资源与环境技术和高新技术改造传统产业 8 个领域。2009 年滨海新区高新技术产业产值占滨海新区生产总值比重已经达到 47%，R&D 经费的支出占 GDP 的 2.37%，高于全国 1.7% 的平均水平。到 2010 年，滨海新区初步形成高科技企业的聚集效应，高新技术企业达到 1200 家，高新技术产值达到 5000 亿元（刘婷婷，2011）。

② 高校科研院所发挥重要的支撑力量。高校科研院所是技术创新资源最集中的地方，目前天津市所有国家级、省部级重点实验室、研究中心以及国家级工程技术研究中心全部设在高校和科研院所内。这些研究机构成为天津市产学研合作的重要支撑力量。（见表 3–1）

表 3–1 2004 ~ 2008 年开发区技术创新资源数量分布（单位：个）

项目＼年份	2004	2005	2006	2007	2008
工程技术研究中心	14	23	27	27	28
企业技术中心	6	11	15	35	18
跨国公司研发中心	—	37	40	45	48
企业博士后工作站	34	43	48	—	53
高科技创业孵化基地	6	7	9	11	12
风险投资公司	4	5	6	7	35
高新技术企业	107	—	206	218	250

滨海新区拥有强大的科研队伍和实力。2009 年天津市拥有 883 个研发机构，R&D 人员近 3 万人，其中硕士博士占 23%。天津市现有各类专业技术人员 60 余万人，科研院所 159 个，国家级实验室 8 个，国家级工程技术研究中心 10 个，国家级和部级技术检测中心 27 个。2008 年 5 月南开大学滨海开发研究院正式成立，2008 年 10 月天津滨海联创能源工程技术中心成立，2008 年 12 月天津大学滨海工业研究院落户滨海新区临港工业区，旨在充分发挥高校人才、技术密集的优势，实现政府、企业、学校三方人才、技术和成果的有效整合与共享。

③ 企业研发主体地位显著。随着天津市不断出台鼓励创新的优惠政策，企

业研发和参与技术合作创新的热情越来越高。2008 年 8 月，《天津市高新技术企业认定管理办法》正式颁布，申请高新技术企业身份的 150 余家滨海新区企业中已有 134 家被认定为高新技术企业。在滨海新区创新机制的带动下，企业的技术创新主体地位也在不断提升。

从表 3-2 中可以看到，天津滨海新区高新技术企业的总产值 2010 年比 2008 年增长了 39.6%，总收入更是增长了 73.7%。高新技术企业的飞速发展促进了研发合作的加深，带动了区域经济增长。

表 3-2 高新技术企业主要经济指标

项目 年份	企业数（个）	从业人员（人）	总产值（万元）	总收入（万元）	出口总额（万美元）
2008	3071	224497	13218971	17367788.8	417505
2009	2779	247612	15684620	23219339	350676
2010	3463	285560	18450694	30164172	484532

截至 2010 年 10 月底，滨海新区已经建成 50 多个国家级和省部级工程中心、90 多个企业技术研发中心、80 多个博士后科研流动站；成立了 26 家科技企业孵化器，面积 202 万平方米；聚集了 272 家各类风险投资机构，资金规模达到 500 亿元。利用这些平台资源，滨海新区在孵的科技中小企业达到了 2562 家。企业在产学研合作中扮演着越来越重要的角色。如今，自天津市实施“三年引进百家国内 500 强优势企业”战略以来，2009 年 130 家世界 500 强跨国公司已经在天津投资 368 项目，国内 500 强优势企业已有 95 家在天津落户，总投资额达 1633.5 亿元。目前，天津市正成为国内大企业战略投资的优选地之一。

④ 技术创新产出绩效突出。在研发成果生成环节中，表 3-3 显示了天津市 2007 年至 2009 年的专利申请和授予数量。从专利申请和授予的总量上看，天津市保持了较快的增长，其中 2008 年和 2009 年专利申请数量的增长率分别为 15.7% 和 7.6%，授予量增长率为 21.6% 和 9%，这说明专利申请的成功率在不断提高，技术创新不断加快。从授予专利的结构上看，实用新型专利所占的比重最高，且保持稳定，几乎占授权专利的一半以上；而发明和外观设计专利都趋于稳定，各占 20% 左右，但比重变化略有不同，发明专利所占比重稳定上升，从 2007 年的 20.8% 升至 2009 年的 25.5%，外观设计专利的比重呈不断下降趋势，从 2007 年的 24.3% 降至 2009 年的 21.9%。

表 3-3 专利申请受理与授权数　　（单位：件）

项目/年份	申请受理合计	发明	实用新型	外观设计	授权数合计	发明	实用新型	外观设计
2007	15744	5364	5117	5263	5584	1164	3063	1357
2008	18230	6281	6061	5888	6790	1610	4016	1164
2009	19624	6367	8267	4990	7404	1889	3988	1627

从滨海新区研发活动情况来看（表 3-4），2010 年比 2008 年的研发项目数增长了 18.9%，但是研发经费却增长了 55.1%，说明在研发项目增长速度一般的情况下，我国对科技研发的投入不减反增，这也是我国实施科技战略的重大举措之一，不仅鼓励了研发的进一步开展，也推动了成果转化的进程。

表 3-4 研发活动情况

项目/年份	研发项目数（项）	研发人员（人 / 年）	研发经费（万元）
2008	4765	21799	897905
2009	5412	26863	1077340
2010	5665	28184	1392212

在研发成果转化环节上，表 3-5 反映了滨海新区研发转化基地建设过程中的技术创新产出能力。2010 年与 2008 年相比，新产品的项目并没有增长，经费的投入也只是以 8.8% 的增速递进，但是新产品的产值却上升了约 21%，销售收入增长了 22.4%，说明新产品的科技含量大幅度提升，产品附加值显著提高，技术创新效果显著，为滨海新区研发转化基地的建设奠定了良好的科技、产品、市场条件。

表 3-5 大中型工业企业新产品开发和生产情况

项目/年份	新产品项目数（项）	开发新产品经费（万元）	新产品产值（万元）	新产品销售收入（万元）	出口收入（万元）
2008	6180	1124737	26639610	25897623	7475917
2009	5647	1177199	27085102	26215887	7515933
2010	6181	1223778	32244555	31704983	8405067

表 3-6 反映了滨海新区技术市场上成交合同的数量和成交的合同金额情况。其中，2009 年成交的合同金额比上一年增长了 21.8%，而 2008 年增长率为 19.7%，可见，成交的合同金额逐年递增，且增长的幅度也在递增。同时，成交的合同数 2009 年比 2007 年增长了 17.4%。

表 3-6 技术市场成交合同情况

项目 年份	成交合同金额（万元）	成交合同数（个）
2007	723356	8380
2008	866122	9312
2009	1054611	9842

综上所述，新时代的天津滨海新区无论是在经济规模还是研发实力方面，都实现了 IJVs 的规模效应，同时，努力打造 RJVs 的聚集效应。未来将依托京津的人才和科技资源联合开发，创建产业技术研发和转移联盟，通过提高制造产业前沿技术的集成创新、提高消化吸收再创新能力和提高高新技术产业的原始创新能力，通过良好的制度设计，形成研发资源的集聚，提高新区的科技创新实力，建立研发基地，促进环渤海经济区的科技创新和产业化，成为环渤海地区经济增长的引擎。

3.4.3 滨海新区 RJVs 根植性发展的三阶段博弈模型设计 [a]

D'Aspremont（1988）较早采用两阶段双寡头博弈模型对合作创新展开研究，Kamien(1992) 等学者更是将该博弈模型引入 RJVs 的研究中。但是这些学者的研究仅仅是对 R&D 水平和产品市场产量的关注，具体而言就是只研究了企业研发以及绩效层面的问题，缺乏对制度层面的考虑，这对于本书研究滨海新区的制度安排对自主研发创新和经济开放发展的要求相比，存在明显的不足。

为此，本书借鉴Nicholas (1989)，Kamien (2000)，Atallah(2002)的研究思路，通过引入基础研究、厂商接近程度和RJVs规模三个新观察变量构建三阶段博弈模型。同时，本书参考了胡婉丽等（2004）[b]在研究合作创新问题上的三阶段博弈分析方面的有益工作。在考察滨海新区RJVs的制度安排及其对研发转化的作用时，本专著分为三个阶段进行设计：第一阶段是滨海新区的制度设计，主要是加强引入RJVs，形成滨海新区的制度优势和产业资源基础；第二阶段是加强R&D投入水平和企业（组织）间的信息共享意愿和程度；第三阶段是提升RJVs的国际竞争力和经济发展水平，深化改革开放的步伐，借助滨海新区的技术溢出

---

a 详见张秋英．天津滨海新区在改革开放和自主创新中促进研发转化作用研究：一个 RJVs 根植性发展的视角 [J]. 中国管理科学，2010（12）

b 参见胡婉丽，汤书昆，胡长颂．合作创新三阶段博弈模型——合作程度对RJVS的影响分析[J]. 运筹与管理，2004（10）：29-34

效应，带动环渤海经济圈的快速发展。为了保证每阶段子博弈精炼Nash均衡解的实现，这里采用逆向解法，即首先研究滨海新区制度设计的合理性，进而揭示这种制度诱发的自主创新和改革开放模式的可行性，同时对于RJVs对研发转化作用的机理做出解释。

第一，假设需求函数为：

$p_i = a - q_i - \gamma q_j$，其中和为参数，$\gamma \in [0,1]$。当$\gamma = 0$时，合资企业的产品是不相关的，当$\gamma = 1$时，二者是相互替代的关系。

第二，假设成本与创新投入之间存在负相关关系：

$c_i = c_{i0} - x_i - \beta x_j$，其中$c_i$为企业创新后成本，$c_{i0}$为企业创新前初始成本。$\beta \in [0,1]$表示企业间的作用程度，$x_i, x_j$分别表示本企业和其他组织创新活动对企业成本降低的贡献。

第三，利润函数：

$\pi_i = (p_i - c_i) q_i$

阶段三：滨海新区改革开放、实现赶超战略

由于滨海新区的制度设计是提供市场进入和税收制度等方面的优惠，来实现与外资企业合作以及加强技术转移，为此大部分以 RJVs 的方式存在。假设企业之间的合作类似寡头市场的双寡头竞争博弈，每个合资方按照利益最大化的原则决定产量水平和合作的努力程度。

$$\begin{cases} \pi_i^* = (q_i^*)^2 - f(x_i) \\ \pi_j^* = (q_j^*)^2 - f(x_j) \end{cases}$$

其中，和为企业i和企业j的研发投入水平，这里为常数。根据边际利润为零，可知最优产量为：

$$\begin{cases} q_i^* = \dfrac{a(2-\gamma) + \gamma c_j - 2c_i}{4-\gamma^2} \\ q_j^* = \dfrac{a(2-\gamma) + \gamma c_i - 2c_j}{4-\gamma^2} \end{cases}$$

为此，

$$Z\left(q_i^* - q_j^*\right) = Z\left(c_{j0} - c_{i0}\right) + (1-\beta)\left(x_i - x_j\right)$$

因此，为了获得更大的市场份额和促进经济快速发展，初始成本高的企业才有动力进行 R&D 投资（胡婉丽等，2004）。但是，根据平新乔等（2007）的研究结果显示，由于传统的经济功能区均实行“市场换技术”的指导思想，外资企业在劳动力、免税、市场进入等方面被赋予低成本优势，缺乏技术换市场的动力，因此没有很好地实现对合资企业的技术转移和研发合作。为此，与传统经济功能区不同的是，滨海新区只有打破市场换技术的禁锢，提高外资的经营成本以促使其加强技术研发投入，进而减少市场进入成本的激励。

阶段二：滨海新区 R&D 合作、促进自主研发转化

为了确定在自主创新阶段企业的研发投入水平和信息共享程度对于改革开放和经济发展的促进作用，假设 RJVs 的企业根据自己的最大利益做出 R&D 的投入决策。

$$f\left(x_i\right) = \frac{1}{2}x_i^2, \quad g\left(x_j\right) = \frac{1}{2}x_j^2$$

分别求偏导可得最优产量：

$$\begin{cases} q_i^* = x_i^* \dfrac{4-\gamma^2}{2(2-\gamma\beta)} \\ q_j^* = x_j^* \dfrac{4-\gamma^2}{2(2-\gamma\beta)} \end{cases}$$

结合阶段三的均衡产量结果可得：

$$\begin{cases} \dfrac{\partial q_i^*}{\partial x_i} = \dfrac{2-\gamma\beta}{4-\gamma^2} > 0 \\ \dfrac{\partial q_j^*}{\partial x_j} = \dfrac{2-\gamma\beta}{4-\gamma^2} > 0 \end{cases}$$

因此，当企业合作时，合资双方达到均衡时，R&D 投入水平越高，双方合作的收益越大，市场产量越高。因此，合资双方充分的研发合作将有利于自主创新能力的提升以及改革开放的深入实施。

阶段一：滨海新区制度设计、引入 RJVs

在非正式合作中，滨海新区的 RJVs 企业间选择自己的合作程度（β），与对手分享研发信息、加强科技产业链条的整合、提高研发合作的有效性，进而实现博弈的 Nash 均衡解，RJVs 可以在这种研发战略联盟合作中获得最大的利益。

$$\Pi=\pi_i+\pi_j$$

在双方合作收益最大化时，β 满足：

$$\frac{\partial\Pi}{\partial\beta}=\left(2A^2-1\right)\left(x_i\frac{\partial x_i}{\partial\beta}+x_j\frac{\partial x_j}{\partial\beta}\right)$$

$$+\frac{2\gamma A^2}{2-\gamma\beta}\left(x_i^2+x_j^2\right)=0$$

其中，$A=\frac{4-\gamma^2}{2(2-\gamma\beta)}$，$\left(2A^2-1\right)>0$，$\beta\in[0,1]$，所以可得：

$$x_i\frac{\partial x_i}{\partial\beta}+x_j\frac{\partial x_j}{\partial\beta}<0$$

当合资企业双方合作意愿相同时，企业具有对称性，则：

$$\frac{\partial x_i}{\partial\beta}<0,\frac{\partial x_j}{\partial\beta}<0$$

因此，RJVs 合作程度的增加导致每个企业更少的创新投资。说明单纯的市场换技术，只会让外资对研发投入更吝啬，并缺乏技术研发的动力。所以，研发合作使得创新成为合作者的公共品，企业有投机行为，希望从合作伙伴的投资中收益。

3.4.4 滨海新区 RJVs 根植性发展的作用机制

由前面三阶段博弈模型的定性分析可以得出，要想保证滨海新区制度安排能够切实促进自主创新能力的提升和改革开放与经济发展，对滨海新区的制度设计将是问题的关键。只有建立合理的滨海新区制度和管理体制才能切实推进研发转化基地的建设与发展。因此，根据三阶段博弈模型的定性分析，本专著对滨海新区制度设计及推动研发转化基地作用研究得出如下结论：滨海新区区别于传统经济功能区的独特产业要素是 RJVs 的根植性发展，这决定了其不再遵循简单的成本优势和市场换技术的发展模式，而是承担技术扩散和自主创新的发展使命，进而带动整个环渤海地区的深化改革开放。此外，结论告诉我们，滨海新区应逐步减少外资企业的成本优势，强化其研发投入强度和多元化的扶持机制，通过良好的研发转化环境建设和技术溢出效应，形成对 RJVs 的激励效果。

为此，本书对滨海新区 RJVs 合作创新制度的设计及作用机制提出如下建议：

（1）完善滨海新区管理体制，强化制度设计[a]。与传统研究滨海新区研发转化基地建设通用的管理体制和措施探讨不同，本专著首先认为滨海新区在推动改革开放和自主创新的制度设计中要打破传统的“市场换技术”的思维禁锢，立足于 RJVs 根植性发展的产业现实，从强化研发合作与转化的激励机制出发进行制度层面的考虑。那么，不用市场换技术，超越传统经济功能区的发展模式，滨海新区的发展模式又如何促进研发基地建设和开放发展呢？

首先，市场换技术的根本是降低外资企业进入中国市场的成本，不仅在劳动力和税收方面获得优惠，还使其省却了把最好的技术向中国转移以及加强与合资方进行合作研发的努力。那么不用市场换技术，又如何吸引外资企业进入，并提高外资企业的合作研发意愿呢？根据本书的研究结论，滨海新区应加强基础研究和产业近似性方面的吸引力，充分利用环渤海地区科研机构集中，大学科研资源雄厚以及科技人员素质较高的优势，推动高新技术企业联合大学与研究机构共同组建 RJVs 可以降低研发成本、互补研发资源，在技术创新活动中取得资源、组织和政策等多层面的研发优势，提高高新技术企业的国际竞争力，为扩大合资企

---

a 详见张秋英．天津滨海新区在改革开放和自主创新中促进研发转化作用研究：一个 RJVs 根植性发展的视角 [J]. 中国管理科学，2010（12）：171–176

业出口规模，深化经济体制改革，推进滨海新区的可持续发展和国家技术创新体系的完善奠定基础。

此外，建立多层次的产业关联和服务支撑体系。如建立以虚拟企业联盟为依托的政企分开型管理模式，在研发基地的建设和项目的引进过程中，采取虚拟企业联盟的形式，将相关的高校、科研机构以及企业的研发部门引入作为新区研发与转化基地的基础平台。建立多层网状的科技中介服务体系，很好地适应和满足滨海新区研发与转化基地的各种类型、各种规模企业的个性化的服务需求等。

（2）拓宽渠道增强研发投入，推动自主创新[a]：当合作达到均衡时，研发转化的效率取决于研发投入的强度，为此滨海新区在促进自主创新方面首先要完善相关管理体制和运作模式，并强化对企业投入的激励，拓宽研发融资的渠道。首先，“推进管理创新，建立统一、协调、精简、高效、廉洁的管理体制”是推进天津滨海新区开发开放的主要任务之一。滨海新区建设研发转化基地的要素包括：足够数量的科技成果，技术成熟、市场前景广阔；高水平的科技人才；足够的资金，支持科技成果的产业化；较好的产业基础和吸收能力，承接各类科技成果的落户、生根、开花、结果；信息、市场等动力要素，通过信息的传递、市场驱动和开发，实现生产能力的开发，使高技术商品批量生产并打入国内外市场；管理体制、政策等控制要素，对其他要素起支配、协调作用；服务于科技成果转化的各类中介服务机构。

在良好的政策保障体系下，滨海新区采取了一系列资金扶持和税收减免的优惠举措，鼓励高新技术企业入区发展，促进新区科技投融资体系的建设。如设立科研成果转化专项基金以提供科技研发费用和购置科研设备的方式支持落户滨海新区的国家级和省部级重大科技项目、支持高成长性科技型中小企业项目、聚集国家级和省部级研发转化机构。天津经济技术开发区新出台的规定将设立一系列资金加强对科技企业的融资支持力度，其中包括1000万元孵化资金、5000万元创业投资发展金、企业改制上市资助资金和每年1亿元的自主研发扶持资金。“泰达科技发展金”中设立了贷款担保特别风险专项资金，为发展初期的中小企业提

a　详见张秋英.天津滨海新区在改革开放和自主创新中促进研发转化作用研究：一个RJVs根植性发展的视角[J].中国管理科学，2010（12）：171-176

供融资支持。

（3）强化研发转化基地功能，深化开放步伐[a]：这种制度安排具体表现在，滨海新区依托的是高科技人才队伍，同时加强高技术产业链的整体招商与合作，提高 RJVs 在入驻区域中的比重，形成合资企业的规模效应，这些做法都将增加合资企业双方研发合作的激励，强化滨海新区高科技研发转化基地的作用。

发挥外资研发机构的“溢出效应”，制定政策，鼓励研发机构人员合理流动，与本土企业或机构合作。鼓励外国公司在新区设立研发机构对新区有着重要的作用。一是提供优越的科研工作条件可以吸引大量具有国际水平的科研人才来园区服务，并带动本土科研人才水平的提高；二是研发机构人才合理流动，以及外国公司研发机构与本土科研机构的合作，促进先进科研技术和信息的扩散；三是外国公司研发机构对本土企业和科研机构具有示范作用，有利于提高本土研发机构的管理水平和面向市场开发产品的能力（任秀奎等，2008）。

3.5 本章小结

本章在对发达国家 RJVs 合作创新制度建设的先进经验梳理和对比后，从理论的层面基于技术和合作网络两个视角来探讨 RJVs 这种合作创新制度安排的合理性和先进性。进而从非正式制度中的文化及习惯等角度讨论 RJVs 合作创新制度建设中的学习和协同制度建设这两个关键问题。最后，以天津滨海新区为例，从区域产业根植性的视角对 RJVs 合作创新制度设计的实践进行了分析，并构建了三阶段博弈模型，分析 RJVs 合作创新的作用机制。

a 参见张秋英．天津滨海新区在改革开放和自主创新中促进研发转化作用研究：一个 RJVs 根植性发展的视角 [J]. 中国管理科学，2010（12）：171-176

第 4 章　RJVs 创新模式的运行绩效研究

我国自1992年开始广泛设立基于技术引进为目的的国际合资企业（International Joint Ventures，IJVs），其根本动机是实现“以市场换技术”，发挥技术的溢出效应，并提高我国的生产技术水平。学术界对于IJVs的作用给予了肯定，例如，Kokko（1994）总结了技术溢出的四种途径：首先，IJVs的出现促进当地企业技术效率和产品质量的提高，在生产的熟练过程中，优化技术水平；其次，IJVs将相关技术通过关联效应，传递给东道国的上游和下游企业；再次，IJVs通过派遣管理人员或为当地企业培训技术工人，实现技术的让渡和转移；最后，IJVs所依托的高新技术企业通过打破当地的市场壁垒和行业垄断，形成市场竞争压力，促进当地企业和厂商使用新技术提高生产效率。

但是，这种早期的IJVs合作模式虽然促进了技术溢出效应，但是其增长速度是十分缓慢的，并导致国内合作伙伴对于国外合资者的技术依赖，“市场换技术”的传统命题受到了极大的挑战。Kogut 和 Chang（1991）[a]进行了创新性的研究，把研究的视角从IJVs引向了RJVs。针对1976 ~ 1987年间日本企业进入美国297个产业的计量数据，运用负相关二项式回归对美国R&D能力以及产业结构对吸收日本FDI的影响进行实证检验，考察日本企业开展国际合资与合作的动机。结果表明，当日本的R&D密度小于美国时，日本进行RJVs的可能性最大，说明日本对美国的研发合作主要是为了获取技术，其主要形式就是通过新建或者并购等方式进入市场，建立RJVs，进而获取和分享美国的技术。Kogut 和 Chang的研究第一次用实证方法验证了RJVs作为一种新型外资利用方式的作用效果。

对于这样的情形，Bruno van Pottelsberghe de la Potterie and Frank Lichtenberg(2001) 做了一个形象的类比，“学习外国技术如同学习外语，可以在本国学习一门外语（国内RJVs中的技术流入），也可以在国外学习这门外语（国外RJVs中的技术摄取），虽然两种都是学习外语的重要方式，但是后者将更有效率”[b]。同样，RJVs合作中的FDI流入或流出都可能有利于获得国外技术，但国外设立RJVs能带来更大更理想的溢出效应。所以，市场并不一定能够换来

a 参见Kogut, B., Chang, S. J..Technological Capabilities and Janpanese Foreign Direct Investment in the United States[J]. Review of Economics and Statistics,1991(3): 401–413

b 参见Bruno van Pottelsberghe de la Potterie & Frank Lichtenberg. Does Foreign Direct Investment Transfer Technology Across Borders? [J]. The Review of Economics and Statistics,2001(3): 490–497

技术的溢出效应，在不同地区建立不同形式的RJVs将会实现技术溢出效应的更大化。为此，本章在对RJVs合作绩效进行评价分析的基础上，重点关注RJVs的正向技术溢出效应（从国内RJVs的外资方获取技术）和反向技术溢出效应（从国外RJVs的外资方获取技术），对于RJVs利用外资方式对合作创新、贸易投资组合及研发成果转化的路径进行分析。

4.1 RJVs 运行绩效的评价分析

4.1.1 RJVs 运行绩效的实证研究评述

近年来，欧洲各国的政策制定者主要关注美国和日本企业在高科技领域的竞争力，认为欧洲在 R & D 活动资源的投入方面较少是其竞争力相对较低的根本原因。因此，RJVs 通常被视为解决竞争力，尤其是获取技术的有效方式。一方面，它们在企业内部实现正向技术溢出，提高整体研发激励水平；另一方面，RJVs 的加入会促使公司集中优势资源进行研发，避免自身研发资源和成本的浪费。

由于 RJVs 在 R & D 活动上实现资源整合，这一点与生产或销售领域相比，RJVs 将成为一个新的研究领域。过去的 25 年里，RJVs 已经非常普遍，经济学中已经在广泛研究其决定因素和影响。Spence (1984) 指出，在社会福利方面，RJVs 可以有正面和负面的影响。在 R & D 活动中，RJVs 是双重市场失灵的解决方案。一方面，它们可以确保足够的资源专用性，促使企业调整 R & D 投资的最优社会结果，提高技术性能。另一方面，在技术扩散阶段，RJVs 可以比其他法律的保护系统（如专利）更好地执行，因为它们允许各成员公司之间分享信息。

虽然，经济学家们对于 RJVs 决定因素和溢出效应的相关理论，提出了各种观点，但是对于这些问题的实证检验仍然很少甚至互相矛盾。这种不理想的情况取决于几个重要的原因。首先，很难实现理论预测方面的精确度，因为实际的政策目标存在模糊性。其次，RJVs 的性能分析原则上可以在成员企业或在国家层面进行，存在不同层次的分析结果。再次，RJVs 的运行绩效，可以选择不同的评估方式，并且不容易与现有的研究成果进行比较。例如，RJVs 的生产效率方面存在差异（专利的数量等）；成员企业的研发总量和生产效率的提升；成员企业总体的要素生产率和获利能力；其他公司层面的量化绩效指标（学习新技能、创新网络关系和提升生产标准等）；国家层面的社会福利水平和动态竞争能力等。最后，一些相关的理论变量，包括专用性和溢出效应，很难衡量而且缺少必要的数据。

关于 RJVs 影响的研究可以分为三类：描述性的案例研究，统计 / 计量的案例研究和大规模的计量经济学研究。

第一类，主要关注特定行业 RJVs 的特性、效应和不足。例如，Martin(1996) 研究了 RJVs 对欧洲计算机和半导体公司的影响。Katz 和 Ordover(1990) 关注了三家最大的 RJVs 公司，分别是欧洲的半导体制造技术联盟（Semiconductor Manufacturing Technology Consortium，SEMATECH）、美国的微电子计算机公司（Microelectronics and Computer Corporation，MCC）和日本的超大规模集成财团（Very Large Scale Integration，VLSI）。虽然有众多的研究成果作为依托，但是这些研究仍然具有一定的缺陷：一方面，这些研究缺乏精确的预测和统计分析，仅仅关注了大型的 RJVs；另一方面，这些 RJVs 大部分与政府紧密关联，而不能代表社会公众资金投资建立的庞大的 RJVs 群体的特点。

第二类，主要关注行业特殊 RJVs 的盈利情况。这些研究主要是充分利用统计方法和对假设开展相关检验，对 RJVs 的盈利能力、研发费用支出、创新能力和其他绩效变量进行分析。很多论文研究了典型 RJVs——SEMATECH（美国半导体研究开发联盟）。其中 Link et al.(1996) 研究了 SEMATECH 成员企业参与度与盈利能力之间的关系，通过对该研究框架下 11 个研究项目中成员企业经理的调研分析，对参与成员企业的绩效进行了检验，研究结果发现，RJVs 的成员获得了比未参与合作联盟前更高的盈利能力。可是，这些项目和正常收益的取得却在一定程度上依赖政府的支持，这说明 RJVs 的运作需要依靠政府的资金或政策支持，政府在 RJVs 的运营和发展中起到重要的作用。Irwin 和 Klenow(1996) 在更广泛的分析中验证了 SEMATECH 中成员参与度对盈利能力提升的积极作用，使用 1970 ~ 1993 年期间美国半导体行业中约 80 家公司的面板数据进行了分析，对 RJVs 与 R & D 总费用支出之间的假设关系进行检验：首先是“承诺假说”，即参与 RJVs 会让成员企业除了自身的研发投入外，还积极承诺为共同的研发活动提供更多的研发费用；其次是“共享假说”，即参与 RJVs 会带来负面的消极影响，因为防止重复性研究。因此，RJVs 成员企业为了降低研发经费投入，就支持了“共享假说”，并且，研发经费投入的下降，大大提高了 RJVs 企业的盈利能力，对企业生产率的提高有积极的作用。

第三类，研究采用了大型数据库，涵盖不同行业的 RJVs。Branstetter 和 Sakakibara (1998) 研究了 RJVs 参与程度的影响，主要关注日本政府对 RJVs 企业研发经费投入、专利活动、技术溢出和成果转化方面的资助。通过对 1983 ~ 1989 年 226 家日本企业的考察，研究发现，参与 RJVs 对研发费用的降低和增加研发效率（如授予每个企业的专利数量）有积极的影响。Vonortas(1997) 和 Siebert(1996) 还充分利用了 1984 年美国国家合作研究法案（National Cooperative Research Act，NCRA）和 1993 年国家合作研究和生产法修正案（National Co-operative Research and Production Act，NCRPA）提供的丰富信息，分析了在 1985 ~ 1995 年期间 RJVs 数据，发现在企业和产业层面，RJVs 盈利能力与企业密度之间的负相关关系，低盈利能力的公司愿意参与 RJVs 活动。另外，参与 RJVs 对 R & D 支出的影响还比较模糊。虽然在行业层面，它们之间是负相关关系，但并不显著。在企业层面，研究结论并不确定，其相关性取决于参与 RJVs 活动的频率以及特定行业属性。Siebert(1996) 研究认为，在 1985 ~ 1992 年期间，企业参与 RJVs 的影响低于对照样本企业的盈利，但是他认为这是由参与企业的规模差异造成的。对于 RJVs 企业而言，参与合作研发企业的盈利能力要大于未参与企业的盈利能力。因此，RJVs 企业的合作研发活动能够在成员企业之间产生较大的内部技术溢出效应。

总而言之，大量学者对 RJVs 对于企业绩效的影响开展了评价研究，研究结果表明，合作研发有助于提高企业的盈利能力；遗憾的是，这些研究仅仅是对美国和日本的 RJVs 企业进行的，很少数据表明欧洲和其他国家的合作项目存在类似的影响（Luigi Benfratello, Alessandro Sembenelli，2002）。

4.1.2 RJVs 运行绩效的决定因素

通过对以往 RJVs 运行绩效实证研究的梳理，本章总结了 10 个关键因素，它们的交互作用和影响决定了 RJVs 的运行绩效，分析如下。

（1）RJVs 的组织承诺。组织承诺反映了 RJVs 成员对组织关系的评价，描述了成员企业之间为 RJVs 共同目标和利益努力的意愿。为减少外部机会主义的威胁，组织承诺能够减少成员之间合作的交易成本，进而提高 RJVs 的合作绩效。组织承诺意味着合作伙伴之间要对捍卫伙伴利益等做出明确的意思表示，并投资各自的资源，实现技术转移和经济效益等。研究表明，资本投入、新设备和运行资源投入与伙伴关系和资源承诺质量、感知绩效之间存在正向的关系。另外，组织成员的承诺也是在长期的合作中形成的，因此，RJVs 成员的长期合作有利于获得预期的研发合作利益。

（2）RJVs 的议价能力。RJVs 成员企业的议价能力取决于各自对合资研发公司的资源贡献以及对公司的战略重要性。当一个成员企业的能力超越 RJVs 的企业合作伙伴时，就会因为其对 RJVs 的发展方向具有控制权而更有助于实现其自身的研发目标。同时，合作一方的议价能力也受到其对合伙成员偏好目标的影响以及合作企业整体绩效的影响。因此，合作一方的议价能力会对 RJVs 成员产生直接或间接的影响，并推动成员对 RJVs 整体满意度的实现和各自研发目标的实现。

RJVs 实践中主要有两种议价能力，资源型和内容型。资源为基础的议价能力，主要是战略资源贡献较高的成员企业对 RJVs 的运行产生主导作用。内容主导型的议价能力主要包括两个要素：一是在合作伙伴选择和协商阶段，其方案为成员企业所接受；二是 RJVs 合作让成员企业感觉到其战略目标的重要性。此外，基于内容的议价能力的影响可能会否定以资源为基础的权力。例如，如果一个合伙人仅基于目标内容的议价能力，其合作伙伴可能会在谈判阶段同意给予它更多的权力。一旦合资合同签署，基于内容的议价能力就可能无关紧要。概括地说，基于资源和基于内容的议价能力交互影响合作伙伴对 RJVs 的控制，从而影响了 RJVs 的业绩目标的实现。

（3）RJVs 的控制权力。控制是指每一成员在确定 RJVs 发展目标过程中决策权的数量 (Parkhe, Arvind, 1996)。以往对控制的研究主要集中 RJVs 成员的控制能力以及控制结构对其运行绩效的影响。但是，相关研究结果认为 RJVs 的控制结构与绩效之间的联系存在不确定性。值得注意的是，控制权力与资源贡献、伙伴冲突之间存在中介效应，也就是说，高效的 RJVs 权力分享与控制对于研发资源、技术让渡及合作关系等有影响。

现代跨国 RJVs 的实践表明，RJVs 外资方为实现其目标而对国内企业的控制，与国内企业对 RJVs 的满意度绩效并不相关。因为，国内合作伙伴是为了模仿国外企业的先进技术，进行扩散和发展的，这种情况下，国外合作方的控制潜在地推动了国内伙伴目标的实现，二者并不冲突。

（4）RJVs 的信任机制。信任是在出现风险和不确定性的情况下，RJVs 一方对合作伙伴的依赖程度。信任是成员之间的相互理解和实现共同利益的保障。信任对于 RJVs 合作绩效产生直接和间接的效应。在高度互动的合作研发团队和成员之间相互竞争的情况下，信任会产生积极的影响，但是环境高度不确定的时候，这种作用机制就难以发挥作用。信任可以通过增加 RJVs 的凝聚力提高对合作感知绩效的认识。同时，当成员目标一致时，信任和财务绩效之间的关系较强。信任和控制机制会对财务绩效产生影响。实践中，为了避免信任与 RJVs 运行绩效之间评价的误差，应该采用多种方法对二者之间的关系进行分析。例如，使用自我报告的数据评估信任，使用客观数据评价 RJVs 的财务绩效等。

值得注意的是，特定的 RJVs 合作伙伴公司的经理之间的信任可能是强大的，而更多的成员公司之间的信任本身可能是较弱的。因此，本章建议从多角度考察每种类型的信任，梳理出不同层次的信任之间的差异，在 RJVs 的管理团队和成员企业间建立信任。

（5）RJVs 的公平性。RJVs 组织间的公平性受到学者的广泛关注。Greenberg（1987）将组织的公平性定义为组织行为的感知平等性。具体而言，RJVs 的组织公平性可以体现在三个方面：分配公平、程序公平和互动公平。分配公平主要是指 RJVs 在成员之间对于报酬、研究成果共享和知识产权保护等方面会存在公平的分配机制，保护各方的公平利益。程序公平是 RJVs 的成员可以根据自己的意志在合理的程序范围内，表达自己的观点，感受公平的待遇，进行参与决策等。互动公平是指 RJVs 伙伴成员是否在权威核心的互动中，享受公平的对待。所有三个方面的公平都会对财务绩效产生直接的影响，此外公平也可能对绩效产生间接的影响。例如，信任在程序公平关系和绩效结果之间起到中间调节作用；分配公平会影响信任和绩效之间的关系；各个成员之间的公平互动也会影响 RJVs 的绩效等。

（6）RJVs 的冲突管理。Schmidt 和 Kochan(1972) 将冲突定义为一方在寻求自身利益的同时，对成员企业产生的逆向行为。RJVs 的冲突管理主要是减少成员之间的消极因素对最终绩效的影响。但是对 RJVs 成员的研发任务和冲突之间的关系通常也是难以衡量的。一般冲突包括任务冲突和人际关系冲突两类。任务冲突是 RJVs 成员对团队任务表达不同的观点和情绪，并通过愤怒等消极情绪作用于成员的相互关系和绩效结果。任务冲突会因为增加了成员之间的想法，改变了决策过程的效率，并对 RJV s 的最终绩效产生影响。对于任务冲突，可以评价 RJVs 中冲突的频率，如营销、资本费用、制造缺陷等。而对于 RJVs 成员的人际冲突，则可以评价信任缺失问题。对冲突的区分有利于更好地解决冲突管理与 RJVs 绩效之间的运行规律和互动关系。

（7）RJVs 的冲突解决效率。除了了解 RJVs 内冲突水平外，同样重要的是要知道如何解决冲突问题。因此，冲突的解决成效是合作关系是否高效的基础，积极建设性地处理冲突，促使这种任务冲突带来积极的成果，并减少负面的影响，才能推动 RJVs 合作创新向更深层次发展。同时，良好的共同解决问题的能力和技术，将产生有利于各方的结果。当冲突达到一定水平，RJVs 成员间处理冲突的必要性就会提升，进而提升冲突管理和改善绩效的水平与能力。目前，很多 RJVs 冲突和绩效关系的研究，忽视了冲突解决机制，因此就不可能对 RJVs 内部冲突的形成过程产生影响，也就不可能对冲突导致的绩效进行准确的估计。

（8）RJVs 的合作机制。从更广泛的角度看，合作是一个相互宽容的资源分配过程，一方获得更好的利益结果，但不损害其他成员的利益。RJVs 成员之间较好的协作关系会对合作研发企业的整体满意度和财务绩效产生积极的影响。RJVs 成员相互协作设定共同的研发合作目标有助于提高 RJVs 绩效水平，因为合作是 RJVs 形成的基础。

（9）RJVs 的文化差距。文化是成员的集体思维过程，并成为与其他组织相区别的重要标识。文化与 RJVs 的组织绩效存在密切的关系，国家层面和组织层面的文化都会对 RJVs 的绩效产生作用。在国家文化层面，集体主义价值观、道德规范和优先权等都是成员的基本价值思想，相近似的国家文化有助于提升 RJVs 的绩效。国家文化的差距会对 RJVs 成员的价值观以及协商过程产生影响，文化相近时，可能降低 RJVs 成员的交易成本；文化差异大时，可能减少成员的相互信任和感知绩效，进而影响 RJVs 的稳定性和生存能力。

除了国家的文化距离，组织文化的差异也可以影响 RJVs 绩效。组织文化差异会带来期望冲突、误解以及沟通障碍，进而影响 RJVs 的业绩。组织文化也是多方面的，它包括决策、重视人力资源、组织工作、影响和控制等，可以为 RJVs 绩效的实现提供保障。

现实 RJVs 合作创新中，民族文化增加了合作伙伴的组织文化差异和分歧（Magnus Karlsson，2004）。因此，国家文化和组织文化差异之间的相互作用也是今后研究的一个方向。同时，如果 RJVs 合作伙伴建立了互谅互让和尊重的企业文化，文化差异带来的问题并不一定严重，因为合作伙伴是对文化敏感的，试图向 RJVs 合作伙伴学习，也就促进了该企业文化在 RJVs 内部的传播。

（10）RJVs 的目标匹配性。目标匹配是 RJVs 母公司的具体目标和远景规划对 RJVs 自身目标的影响，以及二者在内容和战略目标与发展方向上的一致性。通常，母公司的研发合作目标都会对 RJVs 的目标设定以及运行绩效产生重要的影响 (Kogut, B., Chang, S. J.,1991)。目标一致就会减少 RJVs 运行的不确定性，改善成员企业的行为和合作意愿，进而增进信任。母公司与研发合作目标的匹配会对 RJVs 整体满意度的提升及改善成员之间的关系质量起到重要作用。同时，母公司目标的不一致会产生机会主义行为，并产生协作冲突。目标一致性同样影响到 RJVs 生存能力与经营时间。

通过以上分析，可以看出 RJVs 合作创新过程中，来自 RJVs 母公司、各个 RJVs 成员以及 RJVs 内部的目标、文化、冲突、信任、承诺、控制等各指标之间互动及联动关系会直接或间接地影响 RJVs 的生存与稳定、财务绩效、合作绩效、学习能力及参与成员各自目标的实现等。因此，在进行 RJVs 合作创新及对其运行绩效评价时，必须考虑到上述决定性因素的作用，才能实现 RJVs 的利用外资作用和溢出效应。

4.1.3 RJVs 运行绩效评价的一般模型

根据 RJVs 过去十年的相关研究，本章重点考察了直接和间接影响 RJVs 绩效的 15 个关键指标。值得注意的是，不同的绩效指标对 RJVs 的运行具有复杂的影响，并且各个变量之间也具有不同的相互作用关系。为了对 RJVs 的整体运行过程和绩效有一个深入的了解，本章将 10 个过程指标（决定因素）和 5 个关键指标（绩效指标）进行整合，构建了 RJVs 运行绩效的一般评价模型（图 4–1）。

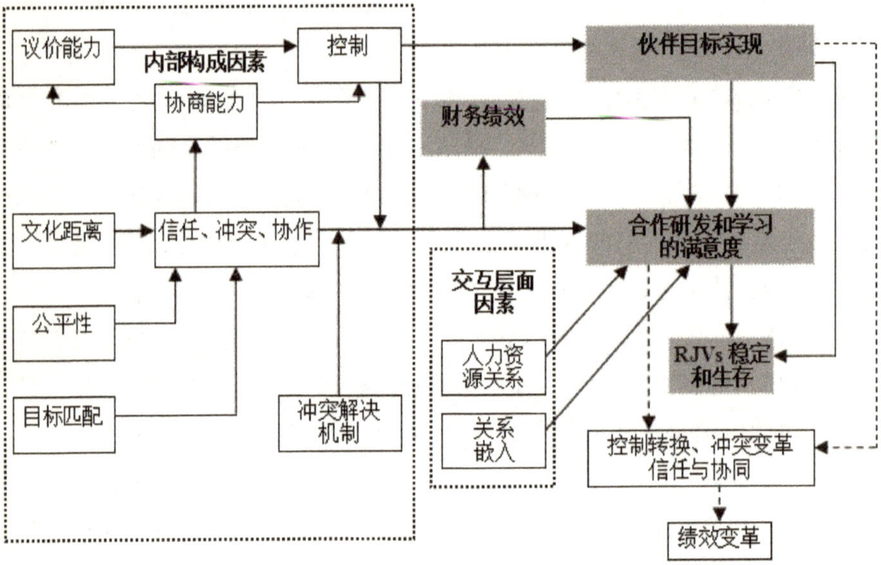

图 4–1 RJVs 运行绩效的一般评价模型

下面重点分析 5 个关键绩效指标（见图 4–1 加黑部分）。

（1）RJVs 稳定与生存。很多研究者指出，生存和稳定性是衡量 RJVs 绩效的通用指标。一般而言，RJVs 合作和终止的时间长度是其成功与否的标志。一个基本假设前提就是 RJVs 成员企业的合作时间越长，它们就越容易取得成功，并提高研发合作组织的整体效能。但是，仅仅依赖年限进行绩效评价是不公平的，年限短的RJVs可能运行效率较高。因此年限对于RJVs的评价作用就相对有限了。此外，合作终止作为RJVs失败的标志也有很大局限性。首先，研发合作成功的公司会考虑专利公司回购模式或者将投资转移到全资子公司；其次，研发合作终止也可能是成功的标志，意味着合作一方实现了当初设定的研发目标，获得了技术。

（2）RJVs财务绩效。研究者越来越关注财务盈利（如投资收益率ROI和资产流转率）和市场绩效（如市场份额），这是评价RJVs运行结果的绩效指标。但是，RJVs财务绩效指标往往会使评价陷入对公司财务数据的关注，并且很多数据难以获得。因此，评价体系还应引入主观绩效评价指标，将满意度与资产收益率和销售回款率联系起来。通过对主观和客观财务绩效评价指标进行整合应用，提高评价的灵活性。但是，财务绩效指标仍然是现今RJVs运行的重要评价依据。

（3）RJVs整体满意度。随着RJVs的发展，管理者主观绩效评价已经成为RJVs绩效评价的重要研究领域。该指标的假设基础是RJVs应该首先立足自身的独立研究和经营绩效的评估，而不能过多依赖于对母公司的评价。实践中，有的RJVs使用单一的整体满意度指标对运行绩效进行评价，有的是用本地母公司、外方合资伙伴和RJVs总经理等多元的满意度来评价运行绩效。尽管管理者主观评价方法得到应用，但是也存在抽样误差问题。满意度很可能受到受访对象和研究人员主观判断的误差影响，并不能对绩效进行准确的评估。另外，RJVs的满意度评价还可能受到母公司的影响，随着调研主体的不同，产生满意度评价结果的巨大差异。

（4）RJVs合作目标的实现。成员企业的个体目标与RJVs整体目标的实现也是评价RJVs合作绩效的重要指标，主要包括合作效能、响应性及目标达成率等。其基本假设是，RJVs的各个母公司或合作方加入合资企业的目标是实现各自的战略目标和满足各自的发展需要。当这些目标不清晰时，生存能力和整体绩效评价指标就不能确保RJVs合作的成功；反之，则有助于提高RJVs的生存能力，并通过主观评价实现成员企业的满意度目标。管理者对RJVs母公司目标实现的关注是常用的绩效指标。

尽管这种评价方式很常用，但是实践中却存在母公司的主观评价权重难以确定并且波动较大的问题。此外，RJVs 的整体目标和绩效评价不可避免需要依赖母公司的发展目标，这就意味着母公司研发合作目标的多元性会导致对 RJVs 合资企业目标评价的偏差。为了克服这些问题，在评价目标时，不仅仅要考虑母公司目标，还要考虑 RJVs 经理层的意见，以增加对 RJVs 评价的准确性。因此，构建 RJVs 整体满意度与特定目标评价的组合是 RJVs 的绩效评价体系的重点内容。

（5）RJVs 组织学习。RJVs 合作成员的组织学习能力也是合作绩效的重要评价因素。基于知识的基础观点，RJVs 的目的就是创造新知，为 RJVs 的发展奠定技术创新的基础性作用。因此，使用技术累积作为 RJVs 合作的重要产出指标具有一定的现实意义，这意味着对成员企业满意的知识层面进行分析。而组织学习是评价 RJVs 技术累积绩效的重要评价依据。同时，组织学习中还有一个重要的内容就是知识转移，它也是 RJVs 组织学习的评价依据。

综上所述，尽管研究人员努力找到合适的绩效评价方法，但是为了更好地测评 RJVs 的业绩，不能单纯考虑单一概念和指标，每种方法都有长处和短处，值得在今后的研究设计中仔细推敲。由于绩效考核指标的限制，最安全的方法是在今后的研究中尽可能开展全面评价。例如，主观和客观指标的结合、RJVs 母公司与管理者满意度和 RJVs 目标的结合、RJVs 生存与学习能力及年限的结合。

4.2 RJVs 正向技术溢出效应分析

理论上，FDI 说明 FDI 通过水平和垂直方向的技术溢出为东道国带来“资本、技术和管理”的外部经济性已经得到了普遍认可，实证研究支持了上述观点。但是，也有学者做出了截然相反的结论，认为 FDI 会制约东道国的技术创新，进而对东道国经济产生负面影响。大量实证分析证明 FDI 在发达国家的技术溢出效应要优于发展中国家。

为什么引进外资的发展路径截然不同？为什么 FDI 的作用有巨大差异？具体到我国的实际情况，这主要体现为我国在利用外资推动国内企业技术创新方面经历了不同的发展阶段：从弥补外汇缺口到市场换技术、从提升产业效率到技术模仿创新与转移。在这种思路下，对国外资金的利用基本上是被动地接受和简单地应用，并没有把技术合作与研发放到战略的角度来考虑。

首先，在中国改革开放的背景下，我国将外资的引进和使用作为补充外汇储备和增加国民经济投入的重要资金来源。为此中国外资引进的快速增长使中国成为世界上吸引外资最多的国家之一。在 2009 年中国实际使用外资金额达到 900.33 亿美元的时候，经济危机的影响下降了 2.56%。这种大规模外资引进的效果弥补了改革开放初期中国社会经济建设的资金缺口和外汇储备的不足，保证了社会经济的快速发展水平。但是，随着中国外汇储备的增加，大量外资的进入不再是一种积极的因素，反而成为一种负担；而经济的快速发展，产业生产实力的提升，也使得经济发展的瓶颈从资金缺乏转变为技术制约。FDI 的作用不再是弥补建设资金的缺口，扩大就业，更关注合资和合作过程所带来的技术溢出。

其次，FDI 能够提升内资企业的管理能力、技术效率和营销水平。FDI 进入东道国的初期，打破了原有的市场结构和竞争规则，产生竞争效应，会形成一个“创造性破坏”过程。外资企业影响内资企业生产率的渠道是迫使内资企业改进技术和管理，提高资源的利用效率。在广泛利用内资企业廉价劳动力的同时，还可通过市场换技术的方式，逐步增加对内资企业的技术溢出。FDI 的技术优势和成熟管理经验会抵消地理距离因素所带来的额外成本，通过多个渠道对东道国的企业产生技术溢出效应。在这个过程中，吸引外商投资的目的也就转变为获取国外先进的技术，进而对技术消化应用并实现创新。

由于以往对于 FDI 的利用方式主要是关注技术溢出的连带效应，没有对技术溢出的组成部分、技术溢出的途径和方式对溢出效应的影响等进行深入的分析。因而，RJVs 作为利用外资的一种新形式，从其功能、规则及制度的互动关系来看，能较好地解决我国目前的社会经济发展和科技创新所面临的上述问题。本部分则主要关注了 RJVs 正向技术溢出效应。

4.2.1 RJVs 的技术势能与绩效差异

为了获得这种技术溢出，我国的企业在引进外资时更加关注技术的获取方式，而我们能够选择的第一种方式就是在国外管理和技术被动学习的基础上，采取“以市场换技术”的主动策略，通过开放消费领域，放开国内市场，作为引进国外先进技术转让的条件，提升行业技术效率。在巨大市场利润的诱惑下，企业合资合作开展了多方博弈，形成中国技术引进市场的“买方优势”，并逐步走上自主创新。但是，市场真的能够换来技术吗？很多学者对此提出了质疑：从工业层面上，FDI 的技术扩散效应并不明显；外资的溢出效应主要是被其自身吸收，对于我国企业技术进步的作用并不显著；甚至有的学者认为 FDI 对经济增长的技术溢出效应完全不存在。

（1）RJVs 的“技术势能”假说。传统的 FDI 外资利用方式只是局部推动技术的溢出，也只能满足改革开放经济发展一定阶段的技术需要，并且 FDI 对经济增长和技术溢出的促进作用也是间接的：一方面，FDI 只能间接地通过生产效率提升，进而推动技术水平的提高。FDI 的技术溢出是通过跨国公司的生产活动带动了东道国的技术发展潜力，从而影响经济的增长，同时，FDI 通过增加东道国的资本品新品种对东道国企业形成技术溢出，实现国内产出报酬递增。另一方面，FDI 是通过经由东道国模仿创新，实现技术的溢出。由于合资企业中内外资企业的技术差距，影响了东道国技术吸收的水平。技术差距的存在与 FDI 的溢出效应存在正相关关系，而且技术差距较小，内资企业能更好地进行学习模仿和吸收。此外，技术差距在一个特定的区间，内外资企业之间才能产生技术溢出效应，这也解释了区域产业创新的经济根源。

因此，这种早期的技术溢出效应的关注都是随着对外资利用的关注，逐渐加深对技术溢出的认知，也就是在经济发展逐渐深化的过程中，对技术的引入从作为资本利用的附属品走上了前台，成为国际企业合作的主要目标。为此，着手建立专注于研发活动的 RJVs 也就成为关注的焦点。并且这种关注从国内 RJVs 中外资企业的技术溢出，直到主动走向国际开展 RJVs 合作，在技术发源地开展技术获取活动。这些研究极大地丰富了 RJVs 利用方式的理解，也是本章对 RJVs 正向技术溢出效应（从国内 RJVs 的外资方获取）和负向技术溢出效应（从国外

RJVs 的外资方获取）开展深入研究的基础。

关于 RJVs 是否能够带来技术外溢的问题基本上已经演化为内资企业是否有条件吸收外资溢出技术的问题。这里，借鉴物理学的重力势能概念，刘秉镰、余泳泽（2009）提出了技术势能的假说：外资企业与内资企业的技术差距越大，RJVs 中外资企业在国内行业的进入程度越深，势能越大。但是，这种技术势能是否有助于提高 RJVs 内资企业的技术获取则要关注地区影响、行业差异和企业特征等多种要素。因此，RJVs 作为一种创新的利用外资方式，可能在以下五种状态下产生不同的技术差距和势能：①区域极差对外资战略性投资的利用以及合作方式的优化具有积极效果；③产业级差是考察产业机构中发展的相关因素差异和产业梯度等对于投资和合作方式的影响；④企业类差是对不同特征的企业进行区分，考察投资方式对企业生产要素市场供求均衡价格的决定和福利剩余；④制度异差是由于贸易国制度质量和制度密集程度的不同，导致投资方式优化组合机制的差异；⑤国际惯例效差是分析比较优势和合同执行效能的差异对外资利用方式的影响。通过几个方面的考察，RJVs 对研发转化的企业经济绩效和一国或地区经济发展的显著推动作用，对区域内的产业梯度发展和生产要素的能级及自主创新能力的能量级聚散的极化效应、扩展效应、回程效应、自乘效应以及虹吸效应等产生作用。

因此，对技术势能的研究，RJVs 技术差距越大，研发合作中的技术外溢效应越大，劳动生产率的提高也就越快（Klaus Gugler, Ralph Siebert，2007）。但是，也有技术势能小时技术在 RJVs 内的溢出效应明显的这种情况，因为在技术差距较小的情况下，内资成员企业才有能力进行学习和追赶；而当技术势能较大时，外资成员企业采用的技术可能与内资企业的技术需求不相关，或者内资企业无法学习或欠缺学习追赶的能力。外资企业的技术势能抑制了技术的溢出效应、规模效率和技术进步。内资企业投入在提高吸收能力方面的资源并没有转化为技术进步。市场化程度较高的行业，技术溢出机制更容易得到充分发挥，因此，行业市场规模对技术外溢有显著影响。Blomstrom（1994）以此为标准，指出中等收入国家比贫穷国家具有更好地实现技术溢出效应，提高技术进步的能力。RJVs 中内资企业与外资企业的技术差距过大时，内资企业通常很难模仿对方的先进技术，反而在技术竞争中产生了挤出效应。当二者的技术差距不大时，内资企业就可以很好地吸收外资企业技术，充分发挥自身人力资本和知识积累上的优势，实现技术水平的提升。

由此可见，技术势能的存在确实能够极大地推动 RJVs 中企业间的技术转移和溢出效应，但是这种技术溢出要受到技术差距、内资企业技术吸收能力、市场规模及竞争程度以及市场结构等不同因素的影响。在 RJVs 的合作中，要有效提高合作研发的绩效，促进内资成员企业的技术进步，寻找合适技术差距的合作企业来提高自身的技术吸收能力。

（2）RJVs 技术差距与运行绩效的关系。RJVs 企业之间的技术差距能够实现技术的外溢，尽管这个过程是有条件的。通常经济发展水平和开放度、企业的模仿竞争、产业的关联、人员流动以及金融市场的效率对于 RJVs 的技术溢出绩效具有积极的影响。

① 经济系统的开放程度与 RJVs 合作绩效的关系。RJVs 所在地区的发展水平与技术创新的溢出效应之间存在密切的关系。例如，天津滨海新区的区域经济发展水平较高，对新技术的消化吸收能力较强，模仿利用和再创造的能力突出，因此依托较高的劳动生产率、充足的人力资本优势和完善的基础设施平台、较强的居民消费水平，可以为 RJVs 中的合作研发创造较好的技术条件。RJVs 是技术、资本和管理的整体合作。当东道国的经济开放程度较高时，以 RJVs 形式进入的外资就会增加，从模仿、竞争及人员流动中实现技术溢出效应，提高研发合作绩效的可能性就越大。例如，出口行业由于与世界经济充分接轨和处于更大的竞争压力下，在吸收外资和加强 RJVs 合作方面，具有比非出口行业更大的技术溢出效应。反之，如果当地经济过于闭塞，缺乏有效的吸引外资开展合作研发的政策，RJVs 进入的可能性就比较小，产生技术溢出的效应也就微乎其微。

② R&D 模仿竞争传导机制与 RJVs 合作绩效的关系。RJVs 发挥作用的主要途径就是外资企业和内资企业在研发合作的过程中进行模仿学习和相互竞争，一方面促进了国外大量新技术和产品的引入，另一方面内资企业通过主动积极的学习活动和模仿创新能够更好地推动 RJVs 引资的效率，实现技术的正向溢出效应，提高内资企业的 R&D 能力。一般而言，RJVs 中外资企业在技术方面具有技术势

能优势，并占据合作的主动，对内资企业的技术研发活动起示范作用。技术势能是内资企业进行学习、技术模仿和自我提升的重要条件，也会帮助内资企业不断改善其生产效率。这一过程分为两个阶段：一是对高技术领先的 RJVs 合作方的技术模仿和学习过程，二是在不断改善的基础上，增强自身的技术实力，形成自身的产品研发优势。而这一过程的实现主要通过技术复制和逆向工程来完成。前者通过技术复制实现技术的转移和扩散，迅速提高生产效率和产品的技术水平；后者通过对外资产品的深入研究和逆向获取其技术，进而研发更为深层次的技术秘密，形成自身的技术优势，实现模仿创新。

RJVs 实现对内资企业的正向技术溢出效应主要出于两个方面的压力：一方面，外资企业带来先进的技术形成强大的市场竞争压力，迫使内资企业跟随进行大量的研发投入，形成对国内竞争企业和产业链企业的整体技术研发投入带动效应，进而提高边际生产率和管理效率，实现产品竞争力和产业竞争力的快速提升。另一方面，外资企业的母公司连带效应。为了确保 RJVs 外资子公司在研发合作中的主导优势，外资母公司需要不断提高外资子公司在 RJVs 中的技术水平，在新的层面上实现先进技术的溢出和扩散。这种内资企业和外资企业的相互持续竞争研发投入过程，是迫于研发的竞争压力也是为了获得 RJVs 合作中主导权，从而形成了 RJVs 技术正向溢出的螺旋上升过程和强大的技术溢出绩效。

③ 产业链前后关联效应与 RJVs 合作绩效的关系。RJVs 产生技术溢出效应的另一种途径就是在行业间溢出，包括前向关联产业和后向关联产业。RJVs 的外资企业方会与内资企业的供应商以及交易伙伴合作，从而带动内资企业关联产业整体的技术溢出。对于 RJVs 企业的前向分销商而言，随着 RJVs 研发合作的深入，所开发的产品和技术以及外资企业带来的先进技术和产品将通过前向分销商向外扩散，而下游企业虽然接受了技术和产品，但却未必能够较好地使用该技术和发挥该产品的全部功能，为此 RJVs 外资子公司会对内资企业及其下游企业进行技术培训和指导，帮助其尽快实现技术转移和提高下游企业自身的技术研发能力。而对于后向供应商而言，这种传导机制更为重要，RJVs 的外资企业可以通过高技术的标准，提供先进生产设备、技术援助及人员技术培训等来实现技术溢出效应，推动 RJVs 内资企业的研发能力和产业技术水平。一方面，外资合作

方会提供质量标准和技术帮助产生技术外部溢出效应，为内资企业降低采购成本、提高技术实力。另一方面，内资企业在与外资企业合作构建 RJVs 的过程中，存在主动迎合机制，即内资企业为了在 RJVs 合作中实现技术获取，会主动改进自身的技术吸收能力等争取成为外资企业的合作伙伴。同时，在外资企业寻求长久技术合作和研发共赢的动机下，亦会对内资企业提供技术和管理等多方面的援助，帮助内资企业改善研发能力。相应地，内资企业的供应商也会在这种博弈的互动过程中，形成“搭便车”效应，获得技术的部分溢出效应，优化自身的研发实力，提高整个产业链的技术水平。

④ 人力资本存量及流动与 RJVs 合作绩效的关系。RJVs 内资企业的人力资本存量和流动能够对先进技术的引入和技术的外部溢出产生积极的推动作用。Keller（1996）的研究发现，国家之间人力资本存量的差距会影响 RJVs 技术溢出的效果。他在对南美洲和东亚国家之间经济增长率的研究中发现，如果东道国没有充足且高质量的人力资源，则无法吸收 RJVs 外资子公司的技术。这种过程主要表现为以下几个层次：首先，RJVs 的东道国必须具有足够的人力资本存量，虽然是静态的人力资源优势，但是对于技术获取具有决定作用。其次，并不是人力资源数量多就能起作用，人力资本水平还必须达到必要的门槛值。如果 RJVs 内资企业的人力资本水平没有达到一定的程度，外资企业就不会雇佣当地内资企业的员工进行研发合作，也就不可能抵消外资企业海外派员的成本，双方技术转移的效率极低甚至没有基础溢出。再次，对于内资企业的研发人员进一步扩大技术溢出效应的方式，可以是通过技术合作或交流活动，促进研发人员之间的沟通，传达先进技术经验和信息，从而导致技术在内资企业及其合作伙伴之间的进一步溢出。最后，当 RJVs 内资企业的高级技术人员在接受系统的培训和经历合作研发的培育后，也可能选择自主创业或流动到其他企业，进而将 RJVs 合作研发的经验和技术带到相关产业和企业中，实现在国内产业之间的技术外部溢出效应，从而提升产业的生产力。

⑤ 金融市场的合作效率与 RJVs 合作绩效的关系。RJVs 的外资企业进入东道国很可能会利用当地的金融资源，开展合作研发活动，解决后续或部分资金的投入问题，或者利用自身的技术和知识产权进行金融担保以获得合作研发资金。

金融体系在 RJVs 合作和外资企业的技术溢出过程中，具有重要的推动作用，并带动国内企业现实生产力的提升。

一方面，RJVs 内资企业在吸收外资企业的技术溢出并转化为自身的研发优势时，必不可少地要获得资金支持。金融市场的发达程度对于提高金融的中介作用、降低融资成本及加速研发技术的商业化等具有重要意义。另一方面，技术领先的 RJVs 外资企业更希望利用当地金融市场的资源，获得融资支持，解决投资资金和研发的经费投入等，形成一部分负债融资。如果金融市场效率较高，对于 RJVs 的外资企业是一种鼓励，并能推动研发技术活动和加大对本地人员的技术培训力度，提高技术的溢出效应。换句话说，只有东道国的金融市场发展到一定程度，才能更有效地降低 RJVs 外资企业的合作风险，提高合作研发的热情，产生技术溢出效应，帮助内资企业形成创新的生产力。此外，良好的知识产权保护和融资激励，也会提高当地企业进行 RJVs 合作的效率，提供对外资方的信用保证，提高 R&D 的绩效。

4.2.2 RJVs 的地区极差与绩效差异

RJVs 对技术创新和研发合作的影响涉及技术转移、管理创新、产品设计和制度创新等多种创新形式。在 RJVs 成员之间不仅仅会产生积极的创新溢出效应，还可能产生消极的挤出效应。由于本身吸收能力和不同区域企业关联性等的 差异，RJVs 的技术溢出会在不同企业成员和地区之间产生不同的效果。

表 4-1 外商投资中的地区差异

	天津（亿元，万人）				上海（亿元，万人）				重庆（亿元，万人）				重庆（亿元，万人）			
	GDP	I	FDI	L	GDP	I	FDI	L	GDP	I	FDI	L	GDP	I	FDI	L
1997	1264.63	376.69	200.91	491.6	3438.79	1977.59	384.65	770.2	1360.24	370.95	31.77	1689.9	2975.63	961.20	127.43	660.8
1998	1374.60	452.11	201.44	427.0	3801.09	1964.83	291.03	670.0	1440.56	498.15	35.61	1645.0	2375.97	1155.6	173.44	624.0
1999	1500.95	405.31	141.12	421.0	4188.73	1856.72	226.93	677.0	1491.99	562.87	19.74	1639.0	2677.59	1170.6	158.02	622.0
2000	1701.88	463.83	93.28	407.0	4771.17	1869.69	252.81	673.0	1603.16	655.81	20.18	1636.0	3161.00	1297.4	134.69	622.0
2001	1919.09	567.40	170.68	411.0	5210.12	1994.74	343.33	692.0	1765.68	801.82	21.19	1624.0	3710.52	1530.5	141.45	630.0
2002	2150.76	677.60	126.56	403.0	5741.03	2187.06	341.78	743.0	1990.01	995.66	23.20	1640.0	4330.40	1814.3	137.97	799.0
2003	2578.03	893.73	122.78	419.7	6694.23	2452.11	437.48	771.5	2272.82	1269.35	25.70	1659.5	5023.77	2157.1	175.30	858.6
2004	3110.97	1067.91	137.67	422.0	8072.83	3084.66	504.87	812.3	2692.81	1621.92	33.46	1689.5	6060.28	2528.3	204.78	895.0
2005	3697.62	1288.85	194.65	426.9	9164.10	3542.55	536.89	855.9	3066.92	2006.32	42.60	1720.8	6886.31	2827.2	282.27	920.4
回归结果	TGDP=979.65+2.532I-0.942FDI-1.016L				SGDP=3225.465+3.644I+2.35FDI-9.305L				CGDP=-345.868+1.055I-0.659FDI+0.783L				BGDP=-774.507+1.966I-0.422FDI+2.182L			
	R2=0.986 D-W=1.945				R2=0.851 D-W=0.677				R2=0.999 D-W=2.018				R2=0.954 D-W=1.958			

下面进行差异分析。

（1）RJVs地区极差与门槛效应。RJVs外资利用方式超越了古典和新古典经济学对外资利用方式的分析，这两种观点认为，早期的FDI是为了弥补发展中国家在经济发展过程中出现的储蓄和外汇双缺口，实现经济增长。然而，作为以研发合作为目的的RJVs更关注通过技术共享和合作研发过程，通过资本积累、技术扩散、制度变迁和人力资本等，形成对东道国多元化的技术溢出效应和转移机制。有学者以地区生产总值（GDP）、外商直接投资（FDI）、固定资产投资（I）和就业人口（L），建立了地区生产函数，预测地区承接外来投资和推动地区经济增长的能力。如表4-1所示，四个直辖市的经济增长模型中，较正的R2系数分别为0.986、0.851、0.999和0.954，说明四个城市的GDP是在FDI、I和L的综合作用下发展起来的。但是在FDI的作用下，除了上海的作用为正向外，其他三个城市的外商投资作用为负向。所以，外商直接投资的方式已经不能适应各城市未来经济增长需要，需要不断创新引进外资的方式。尤其是对天津市而言，传统的FDI利用方式不但对新的经济增长缺乏贡献，而且对自身的技术创新活动产生了挤出效应，这也间接说明了各个城市在利用外资方面存在地区禀赋和要素的差异。

中国各地区在引入FDI和加强技术创新能力的吸收方面存在较大的差异。由于我国各地区的经济发展水平不平衡，不是所有地区都具备吸收技术转移的能力，因此，不是所有地区都适合开展RJVs合作创新。

影响RJVs对R&D能力溢出的内资企业所在地区因素存在一定的门槛水平，跨越这些门槛的地区在吸收RJVs投资方面将具备一定的优势，并产生积极的溢出效应，实现研发合作能力的大幅度提高；而没有跨越门槛水平的地区在RJVs的技术溢出效应将不明显。

付含（2010）对不同地区适合引入RJVs等外商投资方式的门槛值进行了测定，结合Borenstzein等（1998）和李梅（2009）等研究思路的基础上，设计门槛效应的分析模型如下：

$$\ln Y_{i,t} = \alpha + \left(\gamma X_{it} + \delta\right)\ln FDI_{i,t} + \eta \ln X_{it} + \beta \ln RDF_{i,t} + \varepsilon_{i,t}$$

其中，i、t、α、β 和 ε 为参数。X_{it} 表示对 FDI 技术创新溢出效应没有显著影响的门槛变量。γ 代表门槛变量与 FDI 技术溢出之间的相关关系。$(\gamma X_{it}+\delta)$ 代表了结合门槛因素的 FDI 对技术创新的影响系数。那么，$(\gamma X_{it}+\delta)>0$ 当且 $\gamma>0$ 时，该因素跨过了门槛水平，RJVs 中外商投资的研发合作会对内资企业产生技术溢出效应；反之，如果没有跨过门槛值，则技术溢出效应不明显。付含（2010）选取了中国 30 个省市 1998 ~ 2008 年的面板数据所进行的估计中，分析了各地区可能适合开展 RJVs 的门槛值（表 4-2）。

表 4-2 中国各地区开展 RJVs 合作的可能门槛值

评价依据	门槛值	跨越门槛值地区	未跨越地区
经济发展水平	1.2722	北京、天津、河北、辽宁、陕西、内蒙古、吉林、黑龙江、上海、江苏、浙江、安徽、江西、福建、河南、湖北、湖南、山东、广东、广西、海南、重庆、四川、山西、青海、宁夏、新疆	贵州、云南、甘肃
人力资本水平	2.519	北京、天津、上海	辽宁、河北、陕西、内蒙古、吉林、黑龙江、江苏、浙江、安徽、江西、福建、河南、湖北、湖南、山东、广东、广西、海南、重庆、四川、贵州、云南、山西、甘肃、青海、宁夏、新疆
金融市场效率	1.3139	北京、天津、上海、浙江	辽宁、河北、陕西、内蒙古、吉林、黑龙江、江苏、安徽、江西、福建、河南、湖北、湖南、山东、广东、广西、海南、重庆、四川、贵州、云南、山西、甘肃、青海、宁夏、新疆
经济开放度	0.2922	北京、天津、上海、浙江、辽宁、江苏、福建、山东、广东、新疆	河北、陕西、内蒙古、吉林、黑龙江、安徽、江西、河南、湖北、湖南、广西、海南、重庆、四川、贵州、云南、山西、甘肃、青海、宁夏

从表 4-2 可知，中国省市区域中，经济发展水平只有贵州、云南和甘肃三个省份没有达到门槛值，这主要是由于当地的经济水平、基础设施和投资环境缺乏。

而在人力资本水平、金融市场效率和经济开放度方面，天津都具备了吸引 RJVs 的经济基础。这主要是由于在天津等直辖市地区，高校较为集中，大部分高等教育人才聚集，有助于搭建技术创新的载体和实现技术的溢出效应。在金融市场效率方面，天津的金融信贷体系完备，并着力在金融创新领域不断发展，增加了金融产品等的创新，有助于为 RJVs 的国际合作提供全面的金融资源支持。在经济开放度方面，天津市东部沿海重要的经济开放城市，也是北方地区的经济中心，对国外企业的研发合作具有较好的吸引力。

（2）RJVs 地区极差的运行绩效

RJVs 的运行需要考虑地区条件的差异，如扩散环境、市场环境、企业因素和溢出强度等。

① 扩散环境对 RJVs 技术溢出的影响。根据区位理论，创新技术外溢会受到空间距离的影响，RJVs 合作方如果具有地理空间的同源性，则有助于实现技术的快速传递，当然这种技术创新会存在地理空间的减函数效应。RJVs 的合作伙伴的研发创新活动具有明显的空间依赖性。一个区域的创新主体和其他相关区域的创新主体之间进行技术信息交换、人员流通，可以更好地推动 RJVs 的技术传递，并充分发挥技术溢出的空间临近效应。首先，不管 RJVs 合作伙伴的创新活动处于竞争还是合作状态，其技术溢出的影响首先是在邻近区域的企业间展开的，这种技术创新会由远及近地逐步开展。其次，地理临近会造成对区域内合作研发资源的争夺，如创新人才、资金、基础设施和土地等资源。最后，RJVs 的研发合作也要依赖不同成员主体之间的合作分工来完成，共同提高技术创新的效率。

② 市场环境对 RJVs 技术溢出的影响。市场因素对于 RJVs 技术合作和区际传递的影响更为深刻，它能够在 RJVs 成员企业之间实现技术信息的传递和利益共享。在特定的考察区域内，市场机制的完善程度将影响 RJVs 成员企业之间的合作效率以及技术信息传递的可达性，进而影响 RJVs 技术溢出的区际传递效率。市场机制越完善，技术创新信息交流越完全，市场信息的效率越高，越有助于研发合作活动的展开，并做出正确的技术研发决策。在一定时期的某一行业或部门中，参与创新合作的 RJVs 企业数在总企业所占的比例越高，创新模仿的比例越高，RJVs 的技术溢出效应和示范效应越明显，对地区经济发展的推动作用越大。

③ 企业因素对 RJVs 技术溢出的影响。企业类差在 RJVs 的合作中扮演重要的角色，主要是因为企业的规模、技术吸收能力和关联产业的企业接受新技术的能力，直接影响了 RJVs 的技术溢出效应。RJVs 合作企业之间的技术传递并不是简单的模仿行为，而是一个消化、吸收和应用创新的过程。内资企业只有具备完善的技术接受条件，才能更好地开展研发合作。根据企业门槛值的要求，内资合作企业只有在企业的规模、信息的收集能力、各种资源的调动能力、技术创新和管理制度以及产品和服务等方面，提高 RJVs 研发合作的绩效，并且，RJVs 需要企业家具备足够的创新精神和风险意识时才能对研发合作的市场需求进行决策。

④ 溢出强度对 RJVs 技术溢出的影响。RJVs 进行技术转移的动机和技术溢出的强度决定了合作的绩效，以及对内资企业的创新支持程度。RJVs 合作的范围最初仅仅局限在成员企业范围之内，主要在技术、产品服务、管理制度和市场需求等方面受到外资合作方的影响，之后逐渐扩散到产业链的上下游关联企业以及邻近地区等，不断提高邻近地区的竞争强度，促使关联产业和邻近地区的企业逐步加强技术模仿和主动学习 RJVs 的技术，实现技术在区域和产业链上的传递。如果 RJVs 对合作企业的技术溢出强度不足，则无法在更大范围内实现技术的传递和通过竞争压力促使技术的不断创新发展。

4.3 RJVs 反向技术溢出效应分析

国外学者对 RJVs 的反向技术溢出效应的研究始于 20 世纪 90 年代，最早是针对欧美国家和日本的对外投资绩效开展的，集中在技术的外溢和扩散效率，以及对外投资对当地技术创新和技术进步的综合影响等问题。研究的视角大多是从技术发达国家对东道国企业的技术转移和技术溢出中带来启示，认为技术相对落后的国家可以改变这种被动接受技术的模式，而选择主动地寻求技术源，在国外收购和合资建立 RJVs，带动技术的快速转移，以适应国内技术进步的发展需要，这样就在 RJVs 合作中形成了以落后国家和企业为主导的反向技术溢出效应。

4.3.1 RJVs 反向技术溢出的决定因素

最早关注 RJVs 反向技术溢出效应的是英国学者 Cantwell,Tolentino 和 Paz Estella。1990 年，他们经过研究提出了发展中国家技术积累理论，率先提出了发展中国家应该主动进行技术获取。即发展中国家企业与发达国家企业的合作创新，目的是在所需技术先进的国家反向取得技术溢出效应，提升产业结构和加强企业的国际影响力和竞争力。

（1）RJVs 反向技术溢出依赖于市场条件。Kogut 和 Chang（1991）在《技术能力与日本在美国的对外直接投资》一文中考察了外国市场条件对于在海外建立 RJVs，实现技术获取是一条有效的途径。他们依据 1976 ~ 1987 年间日本对美国直接投资的产业数据，分析认为获取技术可能是日本投资者的主要动机，建立 RJVs 是一种实现技术反向溢出效应的重要方式，日本在技术上的突飞猛进与其在美国的 RJVs 投资具有密切的关系。RJVs 技术落后一方可以就近与技术发达企业建立合资关系，或在海外进行合资设立 RJVs，就近建立工厂等，从技术反向溢出中获得成长。

（2）RJVs 反向技术溢出需加强合资合作。RJVs 实现反向技术溢出效应可以借助加强合作机构建设的方式来实现：一方面，RJVs 技术获取方可以在技术发达国家的大学附近建立 RJVs，或者在技术供给国收购相关研究机构。Cantwell、Hodson(1991) 和 Fors（1998）提出，跨国公司首选在国外建立研发机构获得国外先进知识和特殊技术；而 Serapio 和 Dalton（1999）也指出，很多企业通过在美国收购研发机构和直接建立 RJVs 来获取技术，实现技术的反向溢出。Neven(1993)和 Siotis（1996）对于欧洲产业的研究就证实了美国和日本对欧共体成员国四大国的投资焦点就是获取新技术。另一方面，RJVs 也试图在下游的制造工厂和市场附近建立知识基地。Cantwell（1999）就指出了美国在英国建立电子设备 RJVs（此方面美国具有显性技术优势）的同时，也在英国建立了化学和制药业 RJVs（目的是获取英国在该行业的显性技术优势）。

（3）RJVs 反向技术溢出需强化产品分工。RJVs 合作方可以通过 OEM 和

ODM 等方式与外资企业建立合作研发关系。通过建立产品分工合作和研发联盟不断提升企业本身的产品开发能力。技术从国内行业向国外跨国公司的溢出效应主要出现在研发相对密集的行业，产业的空间集聚程度越高，反向技术溢出效应越大。

表 4–3 中国企业的反向技术获取 RJVs 实践

母公司	海外 RJVs	设立地点	时间	RJVs 设立方式	行业
上海复华	中和软件株式会社东京支社	日本东京	1991	合资	软件
联想	联想大和实验室	日本神奈川	2005	并购	IT
	联想北卡实验室	美国北卡罗来纳	2005	并购	
双钱集团	SHANGHAI T.R.T.R. Center	美国阿克隆	1993	合资	轮胎
康佳	康佳实验室	美国硅谷	1998	股份合作	家电
华立	美国华立通信集团	美国硅谷	2001	并购	通信
京东方	京东方现代现实技术会社	韩国	2002	并购	电子
东方通信	美国 INTERWAVE 公司	美国加州	2002	并购相对控股	通信
上海电气	日本秋山机械公司	日本	2002	并购	机械
大连机床	英格索尔生产系统公司	美国	2002	并购	机械
	兹默曼公司	德国	2004		
秦川机械	美国 AUI 公司	美国	2003	并购控股	机械
TCL	TCL 德国研发中心	德国	2003	并购设立	电器
	TCL 美国研发中心	美国印第安纳	2004		
	TCL 新加坡研发中心	新加坡	2004		
长虹	长虹—德州联合实验室	美国得州	2004	合资	电子
上汽集团	韩国双龙汽车技术研究所	韩国平泽市	2004	并购	汽车
	上汽欧洲研发中心	英国雷明顿	2006		
青年汽车	Detroit Electric	美国加州	2007	合资新建	电动车
三一重工	三一欧洲研发中心	德国北威州科隆市	2009	项目签约	机械

（4）RJVs 反向技术溢出取决于互动效果。跨国公司的核心和关键技术根本不会转移到我国企业。RJVs 的反向溢出效应必须通过示范、模仿和传播，开展产业链竞争以及促进人员流动来实现。因此，企业的海外投资和 RJVs 的建立动机不仅局限于发挥已经拥有的技术优势，还可以寻求和获取新的技术。

（5）RJVs 反向技术溢出取决于吸收能力。RJVs 在东道国进行投资，帮助发展中国家的技术落后企业获取技术信息，还需要考虑技术落后企业的技术吸收能力。一方面，这种技术吸收能力要考虑宏观方面的影响因素。例如，杜群阳和朱勤（2004）提出的国内市场优势、技术吸收优势和技术要素区位优势的“三优势论”。周伟、王强（2005）构建了技术吸收技术能力的竞争力指标：技术能力、组织管理能力和财务管理能力。RJVs 是获取国际最新技术的理想途径，可以充分利用反向技术外溢效应汲取最新技术，突破国内产业发展的瓶颈。

4.3.2 RJVs 反向技术溢出的获取策略

（1）RJVs 反向技术溢出的进入模式。广义上，国际 RJVs 的进入模式主要有合资并购、合资新建和战略联盟三种模式，本章着重考虑了每一种进入模式的技术条件、战略因素和东道国环境因素等。

① 合资并购进入模式。该种模式不适合处于技术开发早期或者技术具有隐含性的情况，这样的 RJVs 合作很难触及技术的核心。当 RJVs 中技术获取方具有较好的吸收能力且国际合作经验丰富的时候，通常倾向于选择股权合作或独资进入。东道国的投资风险和企业文化差距因素是影响 RJVs 合资并购进入方式的主导因素，由于文化距离的存在一般会选择合资并购的进入方式。

② 合资新建进入模式。该种模式有助于隐含性技术的获取。企业吸收能较强时，一般倾向于选择合资新建的模式进入。当东道国选择限制性的外资政策或投资风险不高、文化差距较大时，一般会选择合资新建的方式建立 RJVs。

③ 战略联盟进入模式。在技术生命周期的早期，由于技术的高风险性和隐含性，选择战略联盟模式的趋势并不明显。在企业吸收能力较强或者企业规模较小、国际经验不够丰富的情况下，一般倾向于选择战略联盟的进入模式。东道国的投资风险较高且限制性外资政策约束较弱以及文化差距较大时，一般 RJVs 会选择战略联盟的进入模式。

（2）RJVs 反向技术溢出的研发资源再配置。联合国贸发会议 2005 年的世界投资报告提出如下观点："发展中国家跨国公司国外研发活动周期和快速增长，以及国际 RJVs 的建立成为国际化的一个新的发展趋势。"经济的国际化趋势迫使国际 RJVs 在全球范围内配置研发资源，逐步将研发资源向新兴技术产品和企业进行配置，失去比较优势的技术将逐步被淘汰。作为逐步从直接投资转向研发合作投资方式转型的大国，中国企业逐渐加强对 RJVs 的建设能够有效地发挥技术的反向溢出效应，从研发产品共享转向研发资源获取，逐步实现技术研发与国际企业的同步发展，从后期成熟标准化技术逐步寻求早期原创新技术，通过技术合作和共同研发，在技术源获取有价值的知识、经验和技术解决方案，推动企业技术的飞跃，有效对接发达国家跨国公司的 R&D 资源，提升国内企业的技术水平。

（3）RJVs 反向技术溢出与技术模仿能力提升。国际 RJVs 在建立和发展过程中，不仅仅要考虑企业的模仿学习、吸收能力和企业自身的知识水平等因素，还要考虑企业的学习强度、学习方法和组织学习机制等影响。加强 RJVs 内部成员企业的学习和培训机制，完善研发人才的聘用和激励机制。加强企业的研发投入，设法将自主研发与技术转移相结合，加强人员的流动，带动新技术在产业链企业间的扩散。发展有效的研发合作方法，鼓励员工尝试创新和依托实验合作研究等方式来应用新技术，提高员工的学习和研发强度。

（4）RJVs 反向技术溢出与产业链企业整合。嵌入产业链实现协同研发管理和共同发展是技术模仿学习和提高技术吸收效果的关键，并有助于企业缩短与发达国家技术领先者之间的差距，提高反向技术外溢效应的获取。首先，充分利用我国企业 RJVs 在东道国子公司和研发机构的地理优势，充分利用当地经济、文化和法律条件等，提高研发运行机制、管理框架和组织体系等方面的效率。其次，加大 RJVs 的本土化改革，推动当地研发资源的充分利用，努力构建海外研发中心的模式，充分利用独资、合资和战略联盟等手段，并通过 RJVs 带动国内产业链企业的协同研发，帮助其进入当地市场实现产业链企业整体对国际前沿技术的获取。最后，加大与当地政府机构和非正式组织的合作，加强与金融机构和风险投资机构的合作，发挥金融手段的支持效应，建立与同行业企业和私人联系，加强社会责任，建立良好的企业形象。

（5）RJVs 反向技术溢出与海外子公司管控。发展中国家 RJVs 开展技术寻求合作的过程中，由于海外研发费用高昂、研发信息不对称、缺乏 R&D 管理经验、跨文化冲突严重及金融管制等方面的严格限制，为确保 RJVs 合作的成功，实现技术的反向溢出，应积极加强海外分支研发机构的管控，提高国际化风险防范意识。同时，要兼顾国外设立的 RJVs 与国内研发机构和成果的错位发展，实现国内研发资源的整体配合与协同发展，加强研发机构的公司治理机制和母子公司的战略管控，加强与国外分支研发机构的市场信息共享和研发成果的战略一致性。同时，由于东道国在经济发展、法律环境和政治稳定性方面的差异，RJVs 的国际选址非常重要，要在兼顾竞争风险、产品市场风险、财务风险和技术风险等经营性风险的同时，考虑包括政策变动、资金转移限制等政治性风险，还要考虑制度和文化差异等。可见，RJVs 的国际合作和反向技术溢出效应的实现，需要其建立完善的风险控制和预警体系，尽可能降低国际研发合作的风险，实现先进技术的成功获取。

4.4 本章小结

本章基于 FDI 视角对 RJVs 合作创新的运行、路径及其效应进行了研究。首先，重点分析了 RJVs 运行绩效的影响因素，并构建了 RJVs 运行绩效的一般评价模型，着重从信任、目标一致性、冲突管理等多个方面分析了 RJVs 的决定因素，并考察了 RJVs 生存稳定、财务绩效、整体满意度、研发目标实现和组织学习的结果绩效指标。其次，对 RJVs 合资方式的正向和反向溢出效应进行了分析，探讨了外资企业在本国建立 RJVs 和本国企业在海外建立 RJVs 的技术溢出和技术吸收效应，以为丰富利用外资模式及提升 RJVs 合作创新路径提供实践指导。

第 5 章　RJVs 合作创新的研发转化绩效研究

RJVs 合作创新在自身的功能保障、产业发展的物质保障及相关制度的基础保障下，要发挥其强大的研发转化及促进技术吸收利用再创新的功能作用，进而推动自主创新。因此本章将讨论 RJVs 对研发转化的促进作用并设计绩效考核的一般指标。

一般来说，科技成果转化为现实生产力，要经历三个阶段：技术研究开发、成果转化和工业化生产，最关键的阶段是成果转化。这个过程中的每一个步骤、每一个环节、每一个因素都会影响到成果是否能够成功转化。因此，只有从更全面的角度来研究这项系统工程并设计更合理的绩效指标，同时对整个研发转化过程进行控制与监督，才能确保转化过程的完成和成果目标的实现。

5.1 RJVs 研发转化理论研究

本节从经济学、管理学、技术创新等研究视角对目前国内外有关研发转化的理论进行梳理，为测度研发转化绩效提供理论基础和模型构造依据。

5.1.1 经济学视角的相关研究

（1）内生经济增长理论概述。通过对近 70 年来各国经济增长的研究，学者们指出科技成果转化是促进经济长期增长的最重要因素。因此，研发转化最大的动力就在于它在经济增长中的重大作用。促进研发转化的经济行为，不仅可以创造新的市场机会，提高技术生产率和产品质量，还可以增加薪酬和利润，而它们的增长又可以为储蓄、投资及研发活动提供物质基础，从而进一步带动经济的持续增长。

以索洛、博斯金等为代表的新古典增长理论认为，人均收入的增长率要快于劳动和资本等要素投入的增长率，主要是因为科研成果的转化。科 (Coe) 和赫尔普曼（Helpman，1995) 进行的宏观经济分析表明，西方七国集团的技术资本平均每提高 1%，其全要素生产率（TFP，主要来源于效率的改善、技术进步及规模效应）就会增加 0.23%。

（2）契约理论概述。契约即合同、合约，其本质是自愿协作和自由进出。在现代经济学中的“契约”实际上是将所有的市场交易(无论是长期的还是短期的、无论显性的还是隐性的)都看作一种合约关系，并在此基础上进行经济分析。

现代契约理论的主要模型包括事前博弈的非对称模型——逆向选择模型和事后的非对称模型——道德风险模型。前者主要涉及如何降低信息成本问题，后者主要研究如何降低激励成本问题。

交易成本经济学和博弈论对契约理论的发展影响比较大，除了经济学基本假设外，如资源稀缺、有限理性的经济人、不确定性等，现代契约理论还有如下几个基本假设条件：

① 信息不完全与不对称。这是环境的复杂性与不确定性、有限理性的经济人这两个传统的新古典经济学基本假设合乎逻辑的延伸，因为人们无法准确掌握关于事物的所有情况，并且每个人不能确切地了解其他人所知道的信息。

② 人的机会主义行为倾向。该假设最早由威廉姆森(willianmson，1975)提出。它是以有限理性的经济人及信息不完备不对称为前提的，是指人们有时会产生借助欺诈等不正当手段牟取私利的行为倾向。该假设实际上还暗含了人的效用函数不一致和人的行为外部性两个假设，否则，企业经营者就会产生偷懒、在职过度消费等机会主义行为，而投资者就不会对企业经营者进行监督和激励。

③ 正交易成本。这是根据科斯定理的推论，假定经济生活中存在交易成本且为正。

（3）有限理性进化博弈理论概述。该理论探讨了研发转化过程中各行为主体对转化工作质量和效率的影响。以博弈方的完全理性且以完全信息为假设前提，但是在现实中的合作竞争博弈过程，必须考虑复杂环境因素的影响。博弈方的有限理性是在重复博弈的过程中，通过模仿与尝试逐步找到较好的策略，同时，把握合作竞争关系的复杂多变性，分析各个博弈方的学习与调整过程，寻找稳定的均衡策略，分析科技成果转化过程中各行为主体合作竞争等的多种经济行为。

5.1.2 技术创新视角的相关研究

（1）国家 / 区域创新体系理论概述。国家创新系统（NIS）是新熊彼创新学派的观点与李斯特国家体系思想的结合，一般认为国家创新系统概念是C.Freeman（费里曼）1987年在考察日本经济发展过程中提出的。此后，该学说受到许多学者的青睐，他们重点关注整个创新体系内的互相作用和联系网络。经济合作与发展组织1997年的《国家创新系统》报告中指出，企业是创新系统的核心，企业组织生产并获取主要来源于其他企业、大学、研究机构及中介组织的外部知识。因此，企业、大学等科研机构、中介机构是创新体系中的主体。

① 国外相关研究概述。随着大量创新活动以“区域”的形式出现并扩展，越来越多的研究者注意到技术创新和产业提升的空间背景的重要性，因此，研究中突出了“地区生产”“产业区”“创新区域”“创新网络”等内容。

英国库克 (Cooke，1990) 与莫根 (Morgan，1990) 在研究中较早提出“区域创新系统”的概念。Cooke (1992) 将区域创新体系定义为企业及其他机构在由根植性为特征的制度环境所形成的系统中交互学习，认为区域创新体系的目的是推动区域内新技术或新知识的创造、共享、吸收和转化，同时指出，一个国家和区域内的制度框架与创新的执行和激励密切相关。这种制度框架的形成受到多层次的影响。

随着研究的进一步深入，很多专家学者开始研究创新系统建设与区域的密切关系，并从区域创新组织机构、创新的系统方法、区域创新系统演化、区域职能作用、区域网络内交流互动机制等角度对区域创新系统进行了深入探讨，如卡尔森 (B. Carlsson，1999)、卡西奥拉托 (Cassiolato，1999)、马斯特里赫特大学创新与技术经济研究所、Todtling（1992）、Doloreux D (2002)、Patrick Ronde 和 CarolineH ussler(2005) 等。

② 国内相关研究概述。根据已有文献，我国政府在1996年首次提出建设国家创新体系，之后我国很多学者从理论与实证两方面开始对区域创新系统进行研究。比较有代表性的包括，王缉慈 (1998，1999) 对有关区域创新系统的基本概念和基本理论进行了引进和评价，并对北京中关村地区创新活动进行了实证研究；谢伟 (1999) 认为区域创新系统和部门创新系统是共同构成国家创新系统的两大子

系统。根据赵修卫（1999）的研究，区域创新可以分为三个基本层面——基础层面、主要层面和最高层面。基础层面是技术创新，主要是提供技术基础。主要层面是要素创新，包括基本要素创新，如自然景观、生态环境、动植物资源等，目的是提高特色经济的产出价值和效益；还包括高级要素的创新，创新对象从科学技术、人才、基础设施，到社会文化、国民素质等。最高层面是产业创新，主要是推进产业的升级和结构优化。胡志坚、苏靖、冯之浚 (1999) 认为，区域创新系统是为生产和转移技术由区域内企业、大学和研究机构以及政府组成的相互作用的网络系统；彭宜新、邹珊刚 (2002) 认为在国家内，至少有金融、基础设施和文化这三个特征在区域间是不同的，其使得区域创新体系比国家创新体系呈现更多独具特色的制度安排；韩振海、李国平 (2004) 认为区域创新系统虽然从研究体系和理论框架上与国家创新系统相同，但存在着自身特色。

（2）知识经济理论概述。1994 年，德鲁克在其提出的“知识社会”（1959 年）概念的基础上，进一步阐述了知识经济理论，认为知识的生产率决定国家、产业、企业的竞争力。美国信息探索研究所在其出版的《1993—1994 年鉴》中明确指出，世界经济已变成“信息密集型经济”，技术和信息正在取代资本和能源而成为创造财富的主要资产。1994 年在“为发展调整技术”的学术讨论会上，美国国家研究会首次提出了“国家知识评估”这个概念。

但是，“知识经济”一词被明确提出是在 1994 年温斯洛和布拉玛的《未来工作：知识经济把知识投入生产》一书中，该书第一次对知识经济的内涵和外延作了较完整的阐述。1996 年，经济合作与发展组织 (OECD) 在《以知识为基础的经济》报告中指出“知识经济是指建立在知识和信息的生产、分配和使用基础上的经济”。美国政府于 1997 年、世界银行于 1998 年分别使用了“知识经济”这一概念，同时明确宣称世界经济进入知识和信息起主导作用的知识经济时代。

（3）孵化器理论概述。Rustam Lalkaka（2000）将企业孵化器（Business Incubator）定义为新生企业的初级发展阶段提供所需要的各种创业服务的一种社会经济组织。

由于中小企业特别是科技型中小公司在初期创业资金短缺、人力资源稀缺、经营管理经验和市场开拓能力匮乏，因此普遍容易夭折，据统计，新创办的中小型高新技术企业 3 年存活率仅 30% 左右。因此，作为专业提供技术、人才、制度、培训、资金、法律、政策等创立企业所必需的各种核心竞争资源及一体化服务的孵化器应运而生，实现整合资源、培育企业家、孵化企业等目标。世界上第一个孵化器诞生于 20 世纪 50 年代的美国。

（4）技术转移 / 扩散理论概述。1979 年斋藤优提出的技术转移理论认为，技术转移是一项新技术问世后的最终归宿，它把技术生命与企业生存有机地结合起来。

关于技术转移的定义，主要包括几种观点：一是技术转移是系统知识在地理空间上移动；二是在创新各环节之间的移动，从基础研究到应用研究再到技术商业化的转移；三是在不同学科领域及不同部门之间转移；四是对现有技术的新应用[a]。技术转移是一个动态过程，该理论类似于技术扩散理论。

对技术转移内涵的理解，比较典型的理论研究认为它是存在于国家、区域、企业以及个体之间的宏观层面和微观层面的信息流动（应茵，2007），既包括有形知识体系（硬件）的移动，又包括无形知识体系（软件）的移动。

5.1.3 管理学视角的相关研究

管理学关于研发转化的经典理论有三重螺旋理论、自组织理论、科技中介理论以及生命周期理论（在前文已经讨论）。

（1）三螺旋理论概述。“三螺旋”理论是由埃茨科维兹（Henry Etzkowitz）和洛埃特・雷迭斯多夫（Loet Leydesdorff）于 1995 年提出，该理论描述了大学、企业、政府部门三者之间的合作关系、组织机构、制度设计等，旨在加强资源共享与信息沟通，使资源利用达到最大效能。

（2）自组织理论概述。自组织理论通过考察“科技成果—转化—产业化”系统形成和向有序方向演化过程，研究研发转化的自组织机制，并认为要实现研发转化，除了组织作用以外，还需要启动和发挥自组织作用。开放性是自组织机制形成的前提。

自组织理论认为，系统内随机的变化风险可能被无限放大，以致破坏原来的

a 这四种观点是根据赵发谦、左柏云的《外商直接投资对中国技术创新体系的影响分析》（2007）一文中相关内容的归纳总结

组织结构，从而形成新的有序结构。因此在系统内，没有变化就没有风险投资，没有风险投资就没有区域产业的快速发展。同时，合作系统中各要素的相干作用、协同作用、反馈作用等非线性相互作用可以产生增量，这是自组织的动力所在。

（3）科技中介理论。英国学者研究认为，科技中介服务机构依赖于专业知识与专门技术，提供知识型中间产品和中间服务。Hoppe 和 Ozdenoren(1987) 最早提出科技中介理论，认为在技术转移中，中介机构能够减少技术交易的不确定性和逆向选择问题等。许多学者研究认为，由于技术信息的不对称性，科技中介机构可以对企业在购买技术产品过程中提供信息搜集以及技术评估等服务，并为企业在市场调查、发展战略规划、研发成果转化、财务分析等方面提供全方位的中介服务，以帮助企业降低信息获取成本和提高技术成交率。因此，作为为市场各主体间、要素市场之间搭建沟通桥梁的科技中介服务机构，其发展直接影响着研发转化的效果。

5.2 RJVs 研发转化路径的跨国经验与启示

目前发达国家对于 RJVs 这种产业与科技相结合的创新模式在科技的快速进步和国民经济可持续发展的重大意义问题上达成了共识，因此 RJVs 作为技术创新平台和加速科技成果转化的有效路径，得到了越来越多国家的高度重视和普遍实施。那么，何种 RJVs 合作创新模式及路径能够促进快速高效的研发转化呢？本部分总结了 RJVs 发达国家的先进经验，将对我国刚刚起步的 RJVs 进一步发展有重要启示作用。

5.2.1 RJVs 研发转化的路径及特点

（1）美国的模式与特点。① 美国 RJVs 研发转化的模式。美国是世界上最早实践 RJVs 发展战略的国家，早在 19 世纪就开始了研发合作，确保科技成果转化的顺利实现，在其发展过程中主要有如下模式：

第一，研究中心模式。

该模式多集中在科技园及高技术密集区。研究中心通常设在大学，有自己的技术基础和研究人员，有代表性的包括半导体研究中心（SRC）、大学—工业合作研究中心 (UICRC)、工程研究中心 (ERC)。

美国第一个重大研究合作项目出现在芯片行业，是以半导体研究中心（SRC）在 1982 年的成立为标志。在过去的 30 年，SRC 的项目成员投资了近 9 亿美元用于支持世界范围内 200 多个国家的 6000 多名学生和 2000 多名员工的研发，其研究项目和成员公司遍及全球，包括 IBM 和 Intel 等著名大公司。

大学—工业合作研究中心（UICRC）主要集中于技术开发层面的合作，具体详见表 5-1。

表 5-1 美国大学—工业合作研究中心（UICRC）组织形式

合作模式	单一模式	网络模式	契约模式
组织构成	由一个大学和多个企业合作	由多个大学和多个企业合作	与企业、大学签订合作合同
所占比例	50% ～ 60%	20 ～ 30%	10%

工程研究中心（ERC）创建于 1985 年，由国家科学基金会实施，主要集中于应用研究层面的合作，具体详见表 5-2。

表 5-2 美国工程研究中心（ERC）运作模式

研发投入来源	准备期：国家 + 企业 适营期：国家 + 企业 运作期：企业 +ECR
管理组织构成	准备期：企业代表 + 大学代表 + 各界代表 适营期：成立多个 ECR 委员会 运作期：各个委员会负责各项事务
基本成员构成	企业研发人员 + 大学研究人员 共同研发

第二，企业孵化器模式。

美国的“企业孵化器”模式致力于培养技术密集型的新建中小企业，为它们提供整套设施、设备、管理咨询及辅导等各项服务，以促进创新。在企业孵化器诞生前的 20 年中，美国平均每年新增 9000 家企业，在企业孵化器诞生之后的 5 年中，平均每年新增 7.4 万家企业（见表 5-3）。

表 5-3 美国企业孵化器 4 种类型对比

	类型 1	类型 2	类型 3	类型 4
主办者	政府或非营利性组织机构	大学、科研机构	私营企业	政府、非营利性组织机构、私人企业
案例	艾迪逊	乔治亚“最新技术开发中心”	美国数据控制公司	富兰克林
目的	扩大就业和税收、经济多样化	提高高校等研究机构竞争力、推广科研成果、促进产品创新	增加投资收益和基础实施增值	获取政府支持、获得私人企业资金和技术支持
比例（%）	51	18	22	9

第三，科技园区模式。

大致可分为如下三种类型：硅谷模式，这是美国率先创建的 RJVs 合作创新模式，聚集了高校的内生力量，它既是大学科技园的典范，也是 RJVs 的代表；波士顿模式，它是 128 号公路创造发明的摇篮，基于企业空间集聚而形成；北卡三角模式，它基于政府规划而形成，聚集了爱立信、IBM、杜邦等大公司和美国多个国家研究所，是“大学—企业—政府”之间互补的三边互动模式。

② 美国 RJVs 研发转化路径的特点。

第一，政府发挥引导、推动作用并给予强有力的资金支持。在美国的国家创新体系中，特别强调政府教育培训、科技创造、经济协调等政策、法律法规对研发转化的扶持作用。

第二，大学、科研院所与企业开展紧密的研发合作。哈佛大学、斯坦福大学、麻省理工学院等一流的高校都是 RJVs 合作创新的典范。

第三，积极组建研发合作的管理机构，设立具有针对性的管理规则与范围，主要包括研发细则、人才培养、课程设置、经费管理、人员交流等，以保障研发转化的顺利完成。

（2）德国的模式及特点。① 德国 RJVs 研发转化的模式。

第一，弗朗霍夫学会模式

成立于 1949 年的弗朗霍夫学会（Fraunhofer-Gesellschaft Society）是欧洲最著名的非营利性应用研究机构，其服务对象是中小企业和政府部门，其工作集中在专有技术（know how）创新和转移。弗朗霍夫学会建立了一个企业、大学、政府成功合作的 RJVs 研发转化模式，详见图 5-1。

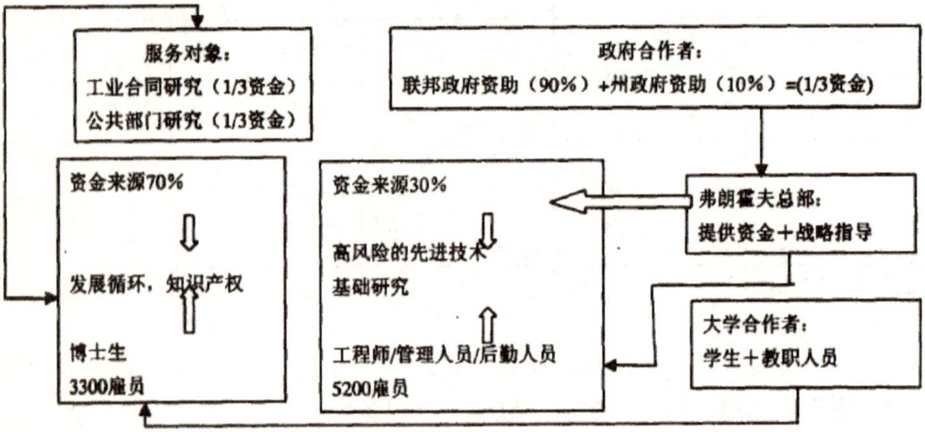

图 5-1 弗朗霍夫学会模式图

第二，经济促进基金会模式（STEINBEIS）。

1971 年成立的经济促进基金会（STEINBEIS）是学术界、企业界和政府紧密合作的机构，它承担较大规模的项目，发挥高新技术的潜力，架起 RJVs 合作创新的桥梁，使中小企业从 STEINBEIS 广泛的技术转让网络中受益，并扶持中小型企业在高新技术领域创新。

② 德国 RJVs 研发转化路径的特点。

第一，确定研发的终极目标是满足企业的实际需求、适应大学的学科特色及科研机构的研究方向，促进科技成果的产业化。

第二，重视职业技术人才的培养，为研发转化提供人力资源。德国的职业教育形式多样，并且要求青年必须接受职业技术教育，实现了高效的人才培养。

第三，在合作研发及转化过程中，高校等科研机构的研究人员几乎都担任企业的顾问，形成了独特的“合作顾问制”。

（3）日本的模式及特点。① 日本 RJVs 研发转化的模式。

日本的“官产学研合作”，主要有以下几种促进研发转化的模式：委托研究型，中央政府相关部门和企业以合同的形式委托大学等科研机构进行研究，并支付报酬；共同研究型，大学的教师与企业的研究人员共同进行同一课题的研究，以提高研发水平；奖学金捐赠型，通过研发资助，推动学术研究和成果转化。

② 日本 RJVs 研发转化路径的特点

第一，加大政府的支持力度，将 RJVs 合作创新定为基本国策，并建立和完善一系列法案、制度推进研发转化。

第二，为实现科技成果转化，政府建立了合作研发的有效保障制度，如委托培训制度、经费划拨与使用制度、研究权属制度、人员交流制度等。

第三，产、学、研密切配合，共同培养专业高级人才。除了鼓励大学通过各类培训培养企业所需的人才，企业也为大学教师和学生提供实践场所，并且资助鼓励大学教师到其他高校等科研机构和企业进行学习。

（4）韩国的模式和特点。韩国在 20 世纪 80 年代才开始对国家科技体制和政策进行一系列重大改革和调整，尤其是 1997 年的金融危机后，更加大了改革力度，其 RJVs 研发转化起步较晚。

① 韩国 RJVs 研发转化的模式。主要包括：大学企业化模式，在大学内设立由大学直接任法人的专门研究机构，促进大学企业化，同时，在大学内设立“产学协合作技术股份公司”，由风险机构直接投资，以技术入股方式与企业合作；微观培养模式，主要以科技型中小企业为培养对象，政府调整科技政策和体制以转向对科技型中小企业的扶持和培育，如定期派遣科研人员到中小企业进行技术培训，指导技术人员，制定多种措施以鼓励向中小企业无偿转让研发成果。

② 韩国 RJVs 研发转化路径的特点。

第一，研发以企业生产为归属，以解决企业的实际生产问题为目标，以促进研发转化为合作前提，以满足市场潜在需求。

第二，政府加大支持力度，全额拨款或大力资助研发项目和成果转化，更加偏向“成果转化型”合作项目，并积极推动各种促使研究成果迅速转化为产品生产的举措，如规定科研机构与企业要以“合同”的方式直接挂钩；科研机构的研发成果以专利形式向企业出售等。

（5）英国的模式及特点。① 英国 RJVs 研发转化的模式。主要包括：剑桥模式，高技术产业聚集形成以企业研发机构、高校研究机构和技术咨询机构为三大主体的 RJVs；大学科技园模式，围绕促进研发转化这个战略目标，采取一系列有力措施，强化企业孵化器功能；教学公司模式，通常由高校、企业和项目经理三方组成，资助合作项目，为高校和企业之间稳定的合作关系搭建平台。

② 英国 RJVs 研发转化路径的特点。与日本的官产学研合作类似，英国的 RJVs 具有浓烈的官方色彩。政府积极鼓励企业投资高新技术并进行扶持，尤其支持中小型企业技术创新，通过不断完善科学研究政策与体制，促进企业与大学等科研机构之间的合作来提高企业竞争力和研发转化实力。

5.2.2 对我国 RJVs 研发转化的启示

每个国家的国情不同，RJVs 研发转化的路径和特点也不同，但共同点是，在研发转化的过程中明确主体与合作伙伴的关系及分工，较好地处理动力机制问题，政府积极发挥作用。他们的一些成功经验值得我国学习和借鉴。

① 多种制度安排。一个国家或地区的高新技术产业的发展最主要取决于有利于高新技术及相关产业发展的经济和社会制度。在体制性问题的安排和考虑中，美国的以市场为导向和驱动的激励诱导模式、日本“官民结合”的政府经济指令模式以及德国的中介调节模式对于我国 RJVs 研发转化均有较好的借鉴意义。

② 多元参与主体。经济合作与发展组织（OECD）的国家创新系统研究认为，一个国家的创新很大程度上取决于参与主体如何相互联系成为一个知识创新和使用的集合体。美国、日本、德国、英国等国家高新技术开发区的研发转化活动是包括企业、大学等科研机构、政府、金融机构、中介服务机构等有关参与技术创新活动的各主体之间的相互协调发展。这是研发转化典型的“产学研”三螺旋合作机制。

③ 多维政策空间。目前主要发达国家都通过立法和各种鼓励高新技术产业发展的科技、金融、税收、服务等政策来指导、规范、管理、保障和促进区域产业的健康发展。其重点放在培育有活力的市场机制以及消除市场缺陷。

④ 多样模式运行。从美国的产学研一体化机制、德国的国家创新体系模式、日本的企业集团催化模式，到英国的多层次“合作计划”、韩国的技术转移体制等科技强国的研发转化模式各具特色。

⑤ 多重绩效回报。佩特尔和帕维蒂（Patel and Pavite，1994）的国家创新系

统理论认为，不同国家创新绩效的差异主要源于系统的失效和多样，前者主要体现为激励的失效和竞争能力的低效，后者表现在要素禀赋的不同、投资机制的不同、关键技术的掌握和竞争机制的不同。

发达国家的高新技术开发区内相互联系的产业已形成了有机的结合体，可以使其中的企业通过资源整合，迅速地获取所需的各类信息，从而缩短研发时间，降低交易成本。由于相互支援的相关产业之间存在“拉拨效应”，使各产业共同在物资、资本、技术、信息、人才等方面高效率地流动。

5.3 RJVs 研发转化合作与分工模式及收益分析

通过前面的分析，RJVs 研发转化是通过技术创新过程中互补性的合作与合理化的分工以及各项资源的优化配置、各种政策制度的有效保障，根据市场需求，整合技术、资金、人才、信息、服务等各类资源，将产业技术创新内化为区域经济增长，将研发转化内含于自主创新。因此，对区域内部研发活动的合作与分工、各自带来的收益及保障性政策的研究具有重要的理论和现实意义。为此，本部分对 RJVs 研发转化的合作与分工模式进行分析，为绩效指标的设计和测度提供理论基础。

5.3.1 RJVs 研发合作模式及收益分析[a]

（1）本书以两个企业作为讨论对象，并假设两个企业生产的产品可以相互替代或者互补。

需求函数：$P_i = a - x_i - sx_j$ i =1,2，$i \neq j$，$-1 \leq s \leq 1$，x_i，i =1,2，

a　该部分借鉴 David Ulph（1999）及齐欣、赵勇（2005）的相关研究进行 RJVs 研发合作模型讨论及收益分析。

表示产品的消费。

若 s(s>0) 表示产品替代度；s(s<0) 表示产品的互补度。

合作前每个企业都具有最初的技术，其最初的边际生产成本是 $\bar{c}$，0< $\bar{c}$ < a。两个企业进行研发投入是为了获取新技术以降低成本。

由成本函数 $c(p)$ 表示它们的研发技术，p 表示创新的可能性 $0 \le p \le 1$。

假设：（ⅰ）$c(0) \geqslant 0$; $c'(0)=0$

（ⅱ）$c''(p)>0$，$0 \le p \le 1$

（ⅲ）$p \to 1 \Rightarrow c'(p) \to \infty$

如果某一个企业独自去研发，它降低其成本到 $\underline{c}$。0< $\underline{c}$ < $\bar{c}$。设 $q = \bar{c} - \underline{c}$。假定由于技术信息的外溢，一部分 δ 的信息（$0 \leqslant \delta \leqslant 1$）外溢给没进行新技术发明的企业。同时假定通过自愿的技术信息外溢，一部分 δ^{10} 的信息（$0 \leqslant \delta^{10} \leqslant 1$）披露给没新技术发明的企业。

如果两个企业共同去研发，它们研发总和为 $t=\tau(q,r,\gamma)$，$r(0 \le r \le q)$）是一个企业从另一企业所得到的资源，$\gamma(0 \le \gamma \le \infty)$ 是两个企业研发的互补或替代的反映参数。假设 $r=\kappa.\delta^{11}q\kappa$（$0 \le \underline{\kappa} \le \kappa \le 1$）是两个研发企业追求合作研发的协同度，$\underline{\kappa}(0 \le \underline{\kappa} \le 1)$ 是在非合作均衡中随机达到的协同度的最小值。本书为使简易化，令 $\underline{\kappa}=0$。δ^{11} =MIN（δ_1^{11}，δ_2^{11}），δ_i^{11}（$\underline{\delta} \leqslant \delta_i^{11} \leqslant 1$）是两企业发明新技术的共享信息的数量，等式反映了信息的共享使企业能从另一企业的研究中获得利益。同时两个企业各自所得的收益只可能是次优的，因为是通过信息的互换才获得收益，因而取两者间较小的那个值。

（2）对两个企业研发总和 $\tau(.)$ 的讨论

① 假设两企业的研发是极好互补的，当 $\gamma=\infty$，$\tau(q,r,\infty) = q + r = q + (\kappa\delta)q$，这表明任何一个企业都能从另一个企业的研发中获得收益。

② 假设两企业的研发是极好相互替代，$\gamma=0$，$\tau(q,r,0)$ =MAX（q，r）。假设 $r \leqslant q$ 则暗示 $t \equiv q$，$q = \bar{c} - \underline{c}$，合作研发与某一个企业独自研发相等，因此一个企业自己的研发进展与从另一企业所得相独立。

假设市场均衡，设π（α,β,s）为一个企业的收益，其边际成本为α，另一企业的边际成本为β，产品的互补或替代度为s。利用该式我们作如下分析：

（ⅰ）两个企业都不做研发，每个企业的收益为$\pi^{00}=\pi$（$\bar{c}$，$\bar{c}$），两企业的收益总和为$\sum^{00}=2\ \pi^{00}$。

（ⅱ）只有一个企业做研发，δ^{10}的信息被分享。

做研发的企业的收益为π^{10}（δ^{10}）$=\pi$（$\underline{c}$，$\underline{c}-\delta^{10}q$）；

不做研发的那个企业的收益为π^{10}（δ^{10}）$=\pi$（$\bar{c}-\delta^{10}q$，$\underline{c}$）；

两者之和为π^{10}（δ^{10}）$=\pi^{10}$（δ^{10}）$+\pi^{10}$（δ^{10}）。

π^{10}(.)是如果 s>0，δ^{10}的严格递减函数，即两个企业研发产品是相互替代时，随着分享信息量的增加，做研发的企业的收益是递减的；如果 s<0，δ^{10}的严格递增函数，即两个企业研发产品是互补时，随着分享信息量的增加，做研发的企业的收益是递增的。而（.）是 s 无论是什么值时δ^{10}的严格递增函数，因为它不做研发而能分享信息，所以总是增加的。

（ⅲ）两个企业都做研发，$\pi^{11}=$（$\underline{c}$，$\underline{c}$）$=\pi^{10}$ (1) π^{01} =(1), 表示（a）如果两个企业都做研发并且研发的路径极好的替代（$\gamma=1$）时每个公司的收益。（b）两个企业都做研发且路径极好的互补（$\gamma=\propto$），没有协同发生，即$\kappa=0$。注意，这也可能是一个企业作研发但信息被完全分享。两个企业的收益之和为$\sum^{11}=2\ \pi^{11}$。

函数π [$\bar{c}-(1+\kappa\,\delta^{11})\,q$，$\bar{c}-(1+\kappa\,\delta^{11})\,q$] 是$\kappa\,\delta^{11}$的严格递增函数。这表示如果研发是互补的，RJVs 希望是完全协同或完全信息分享。企业的收益为$\pi^{22}=\pi$（$\bar{c}-2q$，$\bar{c}-2q$），收益之和为$\sum^{22}=2\ \pi^{22}$。

（3）非合作均衡和 RJVs 合作均衡的检验模型。

① 非合作均衡：假定企业间不合作，每个企业的研发是各自独立进行的，企业只能从另一企业出口的信息中获得部分研发。

（ⅰ）分享出口的研发。这种情况发生依靠以下假设：“准许使用”是可能的，企业间可以自由地分享信息。

设 $v^s(\underline{\delta})=\pi^{10}(\underline{\delta})-\pi^{11}$ 为卖方接受许可的最低价；$v^b(\underline{\delta})=\pi^{11}-\pi^{01}(\underline{\delta})$ 为买方愿意支付许可的最高价。如果产品是相互替代的（s>0），于是 $v^s(\underline{\delta})$ 是正的严格递减，表示卖方愿意接受的价格随着增加而递减；如果产品是互补的（s<0），则 $v^s(\underline{\delta})$ 是负的严格递增，$v^b(\underline{\delta})$ 是正的严格递减，是指卖方不愿意卖而买方非常愿意买。如果 $v^b(\underline{\delta})>v^s(\underline{\delta})$ 即 $\sum^{11}\sum 10>(\underline{\delta})$，许可使用将会增加，这种情况在产品是互补（s<0）时满足。如果商品是相互替代的（s>0），当通过限制信息的买卖来缩小信息垄断的范围，许可使用也将会增加。这种情况会发生在较小或是很大时。如果假设卖方的议价能力 ϕ（$0\leqslant\phi\leqslant1$），许可使用费是：

$$F=\phi v^b(\underline{\delta})+(1-\phi)v^s(\underline{\delta}) \quad (5.1)$$

只有当商品是互补而不是替代时，许可使用不能发生，但信息可以免费溢出。

（ⅱ）协同研发

若企业免费提供信息，非合作均衡的条件是：

$$(1-p)(\pi^{11}-\pi^{00})=c'(p) \quad (5.2)$$

由于信息被免费分享，两个企业都不会尝试在别人研发之前做研究。注意，外溢 $\underline{\delta}$ 在该均衡中没有起到作用。

如果信息不能分享，均衡条件是：

$$[p v^b(\underline{\delta})+(1-p)v^s(\underline{\delta})]+(1-p)(\pi^{11}-\pi^{00})=c'(p) \quad (5.3)$$

如果信息在许可使用的情况下卖出，均衡为：

$$F+(1-p)(\pi^{11}-\pi^{00})=c'(p) \text{ 或 } [\phi v^b(\underline{\delta})+(1-\phi)v^s(\underline{\delta})]+(1-p)(\pi^{11}-\pi^{00})=c'(p) \quad (5.4)$$

② RJVs 合作均衡。

（ⅰ）分享出口信息。上面提到的如果研发是互补的，RJVs 将会选择最大研究协同度 $\kappa=1$，当两企业同时研发时，将最大限度地分享信息，于是 δ^{11}

=1，但是如果只有一个企业做研发，只有 $\sum^{11} > \sum^{10}$（$\underline{\delta}$）时，RJVs 将会分享信息。如果许可使用是可能的，且研发路径是极好替代的，同时两个企业都做研发而没有信息分享，出口信息更会在非合作的情况下运作良好。

（ⅱ）协同研发。根据 RJVs 设立并操作研发实验室的情况，本书将对一个和两个实验室分别进行讨论。

第一，RJVs 操作一个实验室，就没有互补的可能。假设信息可以完全分享，于是 RJVs 操作一个实验室的期望值为 $V^1 = \underset{0 \le P \le 1}{MAX}\ P\sum^1 + (1-P)\sum^{00} - C(P)$，显然取最大值，对 P 求导得到 $\sum^{11} - \sum^{00} = C'(P)$ 或 $2(\pi^{11} - \pi^{00}) = C'(P)$。

第二，RJVs 操作两个实验室，根据研究路径是否互补，或当只有一个企业做研究时信息是否完全分享。得到：

$$V^2 = \underset{0 \le P \le 1}{MAX}\ P^2\sum^1 + 2P(1-P)MAX[\sum^{11}, \sum^{00}(\underline{\delta})] + (1-P)^2\sum^0 - 2C(P) \tag{5.5}$$

这是当研究路径是极好替代时的期望值。

或者

$$V^2 = \underset{0 \le P \le 1}{MAX}\ P^2\sum^2 + 2P(1-P)MAX[\sum^{11}, \sum^{00}(\underline{\delta})](1-P)^2\sum^{00} - 2C(P) \tag{5.6}$$

这是当研究路径是极好互补时的期望值。

（ⅲ）RJVs 协同研发效应。

第一，如果研究路径是互补的，通过合作战略的协同共同创新，RJVs 可以通过资源的配置来实现互补的最大化。通过比较（5.5）式和（5.6）式，互补性对增加 RJVs 的期望值有直接作用。因此，在组建 RJVs 时要充分考虑互补性。

第二，RJVs 合作创新可以通过比较 V^1 和 V^2 来决定其建立和操作研发实验室的数量，可以避免重复研究。这对于合作路径是极好的相互替代或者信息极大分享时的研究是很有意义的。

（4）结论讨论。

① 研发是极好替代的情况，由（5.5）式得到 RJVs 在这种情况下的最大利益条件：

$$2[(1-P)(\pi^{11}-\pi^{00})]=C'(P) \tag{5.7}$$

比较（5.7）式和（5.2）式，发现由于两个企业通过对信息的分享获利，从而增加了对从事研发的激励，因而 RJVs 确实改善了非战略性投资不足的问题。

比较（5.7）式和（5.3）（5.4）式，发现 RJVs 有两个作用，一方面，它转移了对战略投资的激励；另一方面，使信息分享外部化更主观，因为从（5.7）式可得 RJVs 不受许可使用费的约束。

② 研发是极好互补的情况，由（5.6）式得到 RJVs 在这种情况下的最大利益条件：$2[P(\pi^{22}-\pi^{11})]+2[(1-P)(\pi^{11}-\pi^{00})]=C'(P)$ （5.8）

同样 RJVs 改善了非战略性投资不足问题。

③ 从上述分享可看出，RJVs 能预先通过战略安排来实现最优的计划路径以使互补性达到最大化，从而使它们的利益最大化，同时，RJVs 还可以通过自主选择研发转化模式，来实现收益最大化和促进研发转化。

5.3.2 RJVs 研发分工模式及收益分析

通过前面分析可以看到，在社会生产中，尤其是互补性高的研发活动，其收益提高的最佳路径就是参与 RJVs 合作创新。那么，在 RJVs 中，当参与方的研发资源禀赋存在差异，而且这种差异导致合作各方在研发活动上具有比较优势，能否按照比较优势在研究开发环节和成果转化环节上进行分工呢？按照比较优势的分工是否会优化经济的资源配置，提高生产效率呢？下面根据齐欣、陆建明（2011）对于区域比较优势分工模型的相关研究，本章设计一个理论模型进行分析。

从根本上讲，完整的研发过程都必须经历研发成果的生成和转化两个基本环节，在本章的理论模型中，研发成果生成环节的效率取决于研发资源和研发投入；而研发成果作为中间品投入最终产品生产，将研发成果与基础生产要素相结合，进而生产最终产品，这是研发成果转化环节。该模型讨论 RJVs 不同的参与方（以两个企业为例）基于研发资源禀赋的相对差异，在研发成果生成和转化两个环节进行分工的模式和利益问题。模型的假定条件如下[a]：

①F 为基础要素（资本、劳动、规模等）的加权总和，将 F 单位化，即令 F=1。设 E 为研发资源数量，则两类资源存量的比例为 E/F=E。

② RJVs 内有两个企业：企业 A 和企业 B，其中 EA>EB，即企业 A 的研发资源禀赋相对丰富。

③单位基础要素所得的最终产品为 Y，其生产函数为：$Y=X(1-\theta)^{\alpha}$，其中 X 为研发活动的成果，为中间投入品；为研发活动投入的基础要素 F 的比例，则为最终产品生产投入的基础要素比率。其中 $\alpha\in(0,1)$，这意味着最终产品的生产中基础要素的边际报酬是递减的。

④中间产品的生产函数为：$X=E\theta$，即研发活动的产出取决于研发资源的禀赋和研发投入两方面因素，研发资源和研发投入越高，研发的成果就越多。

⑤在两个企业之间，研发资源和基础要素都不可流动，而研发成果 X 和最终产品 Y 则可以流动。

（1）RJVs 内分工的模式和收益分析。

第一，考察一个不与外界联系的孤立企业的社会生产情况。

根据假定条件，将中间品生产函数代入最终产品生产函数可得：

$$Y=X(1-\theta)^{\alpha}=E\theta(1-\theta)^{\alpha} \tag{5.9}$$

（4.9）式说明，基础要素要在中间品生产和最终产品生产之间进行分配，用于中间品的生产存在一个最佳比例，当取这一最佳比例时，可以实现最终产品产量的最大化。最终产品实现产量最大化时存在：$dY/d\theta=0$，根据（5.9）式，此时有：

$$\frac{dx}{d\theta}=E[(1-\theta)^{a}-a\theta(1-\theta)a-1]=0 \tag{5.10}$$

解式（4.10）可得：

$$\theta^{*}=\frac{1}{1+\alpha} \tag{5.11}$$

a 该假设条件根据齐欣、陆建明（2011）的相关研究内容进行延伸和扩充

（5.11）式说明，对于一个自给自足的孤立企业而言，将$\theta*$比例的基础生产要素由于研发投入，可以使最终产品的产量实现最大化。因此，如果企业A和企业B之间不进行分工，则两个企业都会选择比例为$\theta*$的研发投入水平，则根据（5.9）式，两个企业的最终产品产量分别为：

$$Y_A^* = E_A \frac{\alpha^{\alpha}}{(1+\alpha)^{1+\alpha}} \text{；} \quad Y_B^* = E_B \frac{\alpha^{\alpha}}{(1+\alpha)^{1+\alpha}}$$

令自给自足条件下RJVs内的总产量为，则有：

$$Y_{AU}^* = Y_A^* + Y_B^* = (E_A + E_B)\frac{\alpha^{\alpha}}{(1+\alpha)^{1+\alpha}} \quad (5.12)$$

第二，考虑进行RJVs合作分工时的情况。

首先假定两个企业之间中间品和最终产品的流动成本为0，令研发资源禀赋相对丰富的企业A专业化生产中间品，则企业B的所有基础要素都用于研发投入，即$\theta_A = 1$。根据假定条件（5.12）式，此时企业A中间产品的产量为$X_A = E_A$，在不存在中间品流动成本的条件下，企业A的研发成果可以完全转移至企业B，则企业B的最终产品产量为：

$$Y_B = Y = (X_B + X_A)(1-\theta B)^a = (E_A + E_B\theta_B)(1-\theta_B)^a \quad (5.13)$$

当企业B的最终产品产量实现最大化时，根据（5.13）式有：

$$\frac{dY_B}{d\theta_B} = aE_A(a-\theta_B)^{a-1} + E_B(1-\theta_B)^a - aE_B\theta_B(1-\theta_B)^{a-1} = 0$$

解得：

$$\theta_B = \frac{E_B - \alpha E_A}{(1+\alpha)E_B} = \frac{1}{1+\alpha}(1-\alpha\frac{E_A}{E_B}) \quad (5.14)$$

令进行分工时RJVs的总产量为Y_{OP}^*，则将（5.14）式代入（5.13）式可得：

$$Y_{OP}^* = Y_B = (\frac{E_A + E_B}{1+a})^{1+a}(\frac{a}{E_B})^a = \frac{(E_A + E_B)^{1+a}}{E_B^a}\frac{a^a}{(1+a)^{1+a}} \quad (5.15)$$

由于 E_A、E_B 以及都大于 0，所以一定存在 $(E_A+E_B)^{1+\alpha}>(E_A+E_B)$，同时由于假定企业 B 研发资源相对稀缺，所以通常情况下研发资源数量要低于基础要素数量，即 $E_B<1$。

因此，比较（5.15）式和（5.12）式可知，只要 $E_B<1$，就一定存在 $Y_{OP}^{*}>Y_{AU}^{*}$。这说明如果研发资源相对丰富的企业 A 专业化从事研发活动，而研发成果转化全部由研发资源相对稀缺的企业 B 进行，所得的最终产品数量将超过不进行分工时的最终产品产量。也就是说，研发成果生成环节和转化环节的 RJVs 分工可以提高产出的整体水平，从而给 RJVs 带来利益。同时，企业 B 的研发资源也没有被闲置，仍然有一定比例的基础资源用于研发。

（2）研发成果转移成本对分工影响的讨论：当企业 A 的中间产品移动到企业 B 并与企业 B 的基础要素结合时，其数量变为原来的 g 倍（0<g<1）。假设进行 RJVs 内分工后企业 B 的最终产品产量为 Y_{OC}，根据（5.15）式，在这种情况下有：

$$Y_{OC}=(gE_{\text{A}}+E_B)\frac{a^{a}}{(1+a)^{1+a}}*(\frac{gE_A+E_B}{E_B})^{a} \tag{5.16}$$

从（5.16）式可以看出，g 与 Y_{oc} 呈正比关系，这意味着研发成果在企业间的转移成本越高，整体的产出水平就越低。但只要高于自给自足条件下的总产量为 Y_{AU}^{*}，两个企业之间就存在分工的利益，RJVs 内分工就不会因中间品流动成本而停止。当 $Y_{OC}-Y_{AU}^{*}$ 时有：

$$(gE_A+E_B)\frac{\alpha^{\alpha}}{(1+\alpha)^{1+\alpha}}*(\frac{gE_A+E_B}{E_B})^{\alpha}=(E_A+E_B)\frac{\alpha^{\alpha}}{(1+\alpha)^{1+\alpha}} \tag{5.17}$$

令 g^* 为 $Y_{OC}=Y_{AU}^{*}$ 时的临界值，则根据（5.17）式，经整理后可得：

$$g^{*}=\frac{E_B}{E_A}[(\frac{E_A}{E_B}+1)^{\frac{1}{1+\alpha}}-1] \tag{5.18}$$

当 $g\le g^{*}$ 时，说明中间品流动成本过高，以至于企业间在研发和转化环节的分工已经变得无利可图。所以，在存在中间品流动成本的情况下，只有流动成本低于临界值水平 g*（g>g*）时 RJVs 内企业间的分工才是可行的。令 $k=E_A/E_B$，（5.18）式可以简化为：

$$g^* = \frac{1}{k}[(k+1)^{\frac{1}{1+\alpha}} - 1] \tag{5.19}$$

在（4.19）式中对其求导可知 $dg^* / dk < 0$，说明企业间研发资源禀赋差距越大，进行分工的中间品流动成本临界值越小，也就是说进行分工的可能性就越大。

需要说明的是，模型假定研发成果是同质的，并且研发活动本身也不存在进一步的分工。但现实 RJVs 合作创新过程中，两个企业可以根据自身的特点和优势进一步细化分工。例如，专业化从事研究开发活动的企业可以更加集中于基础性研究，而专业化从事成果转化活动的企业则应集中于实用性研究。

只要研发资源的禀赋存在相对差异，两个企业之间就可以进行研发活动的分工，研发资源相对丰富的企业应专业化从事研究成果的生产，进而将研发成果转移至研发资源相对稀缺的企业进行成果转化，这种分工将优化资源配置，进而提高两个企业及 RJVs 整体产出水平。而研发成果在企业间转化的成本会对分工的进行和收益的实现产生不利的影响。

5.4 RJVs 研发转化绩效的影响因素及指标设计

基于前文讨论了 RJVs 合作创新制度促进研发转化的理论依据、国际经验及合作分工路径收益，本节对 RJVs 研究转化绩效进行分析。由于 RJVs 研发转化绩效会受到内外在各种因素的制约，本部分仅集中在对其起核心和关键作用的因素，即 RJVs 合作创新网络和研发合作中的技术创新与知识管理，重点考察研发转化中对技术吸收应用、参与者的学习效果及产品创新绩效等，并尝试构建理论模型和测度指标。

管理学认为的绩效是指组织为实现其目标的有效输出。研究型合作组织研发绩效就是通过 RJVs 成员间的合作来实现联合研发目标，包括降低研发成本，提高研发效率，促进创新水平，增加福利等。在 RJVs 合作研发中，客观的绩效评价标准主要是收益率和增长率，然而这并不全面，无法衡量中长期 RJVs 研发合作的受益，因为利润的高低并不是单一的衡量合作绩效的标准。

大量 RJVs 研发合作研究表明，成员间合作比不合作要获得的收益大，成员在合作中越努力，企业绩效越大，RJVs 越稳定，研发成本越低，产品市场价格越低。同时，在企业研发投入中，技术外溢率越低，RJVs 合作越不稳定，需要技术支持的契约更稳定。再有，国家相关法律法规的完善与政府的支持都会极大促进 RJVs 的形成、发展与稳定，增强产品技术创新和国际市场竞争力。

5.4.1 RJVs 研发转化绩效测度的理论分析：基于合作网络和技术创新的视角[a]

（1）从合作创新网络嵌合度的角度测度 RJVs 绩效：合作网络嵌合度是指合作网络中各个成员之间资源和关系联结的紧密程度。合作创新网络的嵌合程度越紧密，共同的行为规范和价值体系越能够得到认同[b]，同时会将 RJVs 成员的合作动机从追求直接经济利益的角度扩大到培育并巩固互惠互利的关系，这对约束或促成各个成员的合作行为有着相当重要的作用。

下面从两个方面来阐释合作创新网络嵌合度对 RJVs 绩效的影响。

① 合作创新网络嵌合度对 RJVs 知识管理的影响：嵌合在合作网络中的资源层面和关系层面的联结是促进知识应用的前提条件（H. Kevin Steensma, Jeffrey Q. Barden, et al., 2008），即合作网络的有机结构对有效的知识管理和应用有重要的影响。总结以往研究，本书从合作创新网络嵌合度的以下几种主要影响因素来分析其对 RJVs 知识管理的影响。

资源共享因素，通过 RJVs 合作创新的网络，企业 / 组织之间通过联合研发和干中学的方式获取和吸收 know-how。同时，合作中有效的交流平台能够使参与者在思想上产生共识，资源上共享，降低了技术知识共享化的难度。

参与度、合作意愿及信任因素，研发合作的参与度成为 RJVs 成员之间转移

a 详见齐欣，张秋英 . 测度 RJV 绩效的理论模型构建及检验——基于合作网络嵌合度和技术创新的视角 [J]. 经济问题，2012（1）：54-57

b 参见Kolodko, Grzegorz W. Postcommunist Transition and Post-Washington Consensus: The Lessons for Policy Reforms [M]. MIT Press, 2001:58-77

知识的载体，有效的载体能够促进参与者技术知识的获取与应用。当所有 RJVs 参与者都有共同的合作意愿，并重视合作的互惠互利时，该 RJVs 团队应用所学习到技术知识的能力才会得到提升。同时，相互信任也是影响合作研发技术获取和利用的一个重要的因素。

技术吸收能力因素，RJVs 成员的技术吸收能力决定了其整合外部知识的速度、效率。吸收能力强的企业 / 组织会更多地与不同的组织合作，以获取更多的外部知识源，同时，会采用更频繁、更深入的合作方式。因此，企业 / 组织的技术吸收能力影响着 RJVs 的知识管理的组织方式和实现方式[a]。

组织结构因素，RJVs 成员与其他参与者的合作是通过组织中的各个层次立体进行的，每个层次都在合作中扮演着不同的角色。RJVs 合作中的每一次知识的转化、传递，都依托组织机构进行。组织结构的有机化程度决定了技术知识传递的质量。

距离因素，距离的远近会影响研发合作关系的建立和发展。如果 RJVs 成员间的距离较接近，交通、信息费用和时间成本就较少，彼此的沟通和联系就更频繁、更有效。

② 合作创新网络嵌合度对 RJVs 参与者学习绩效的影响[b]。企业通过特定的合作创新网络获取信息和资源并进行学习，是提升企业能力的重要途径。当企业 / 组织对于自身管理水平及资源配置的有效性认识不足时，其学习过程实际上是获取有效知识的学习实践，它被深深地嵌入企业 / 组织研发合作网络中。

由于 RJVs 合作创新中信任机制的建立能够有效地抑制搭便车行为和机会主义行为，从而降低交易成本，提高合作效率，因此，通过信任的传递和建立在信任基础上的 RJVs 合作网络的良好声誉，企业 / 组织的资源共享和知识互补性的要求才能够实现。RJVs 成员间的合作在信任机制的基础上，既满足保护自己的核心知识及长远利益的要求，又能实现技术、资源、信息在合作成员中共享的愿望，提高 RJVs 参与者学习绩效。

---

a 参见 Loet Leydesdorff. The Triple Helix Model and the Study of Knowledge-Based Innovation Systems [J]. Int. Journal of Contemporary Sociology, 2005(1):49–68

b 详见齐欣，张秋英 . 测度 RJV 绩效的理论模型构建及检验——基于合作网络嵌合度和技术创新的视角 [J]. 经济问题，2012（1）：54–57

（2）从技术创新与知识管理的角度测度 RJVs 绩效。与以往的产学研合作的研究不同，RJVs 合作创新本身不是简单地从创造技术到获取技术的过程，更多的是把技术创新与知识管理聚焦到技术知识的共享与转移层面。

① 研发合作中技术创新与知识管理对 RJVs 成员学习绩效的影响。从学习的角度，以往的研究中“组织学习”和“吸收能力”都将知识获取视为提升学习绩效的前提条件之一。其中“组织学习”是融合在四种知识管理活动之中的，包括知识获取、知识扩散、知识解释和知识调用。理论研究与实践都表明，从 RJVs 合作创新中获得的 know-how 同企业有形绩效和无形绩效都有着相当密切的联系。同时，技术创新与知识获取的影响还被扩展到 RJVs 成员之间联结关系的深度和广度上，当研发合作和技术创新的知识在研发工程师之间传播时，学习效应也随之从个体层面扩展到群体层面。另外，RJVs 团队的知识共享和传播将会影响参与者的学习效率，增加参与者开发新产品的意愿，并能够为新的技术组合提供更大潜在的可能性。

② 研发合作中技术创新与知识管理对产品创新绩效的影响[a]。产品创新可以分为确认机会、思想形成、问题解决、创造原型、扩散应用等阶段，每个阶段都包含着不同程度的技术创新和知识管理活动，这些活动能够将先进的信息技术开发融入创新行为中，从而提升创新绩效和竞争能力。Renko、Autin 等 (2001) 对 120 家高技术企业的调查显示，从合作伙伴那里获取知识能够从提高产品上市时间和降低成本两个方面影响新产品的有形迹效。Katifa 和 Ahuja(2001) 在以美国化学工业为背景的研究中发现，在企业技术创新的过程中，从外界获取的知识的绝对规模对企业的创新绩效起积极作用。因此，RJVs 成员企业 / 组织的研发投入、技术吸收与创新、竞争者技术外溢及产业外的知识获取等对其产品创新绩效的积极影响是显而易见的。RJVs 参与者只有加大对研发合作关系的投入程度，才能促进相互获取技术知识，从而减少产品缺陷，加快产品开发周期。

5.4.2 理论模型的构建和测度指标的设计

（1）相关关系假设。一方面，就 RJVs 内部而言，合作创新通过以企业为主

---

a 详见齐欣，张秋英 . 测度 RJV 绩效的理论模型构建及检验——基于合作网络嵌合度和技术创新的视角 [J]. 经济问题，2012（1）：54–57

的技术需求方，与以大学等科研机构为主的技术供给方之间的合作，促进技术创新所需各种生产要素的有效组合，加速产品创新的周期，提高参与者的学习绩效和能力，推动自主创新的进程。另一方面，就 RJVs 外部而言，合作创新的参与者通过各组织、部门和机构相互作用，形成推动技术创新和产品创新的合作网络，完善区域创新系统，推动区域内的技术创新、知识传播与应用，带动区域产业提升。

（2）理论模型和测度指标的构建[a]：本章构建的理论模型立足于产学研合作三螺旋模型[b]，以学术界（大学和科研机构为代表）、产业部门（相关企业）、政府等创新主体，借助市场需求这个纽带，围绕技术知识生产与转化这个主题，相互连接在一起，形成三种力量的相互影响并螺旋式上升的三重螺旋关系。

通过前面的理论分析，本章构建的理论模型着重探讨 RJVs 合作创新对参与者核心竞争力提升，促进参与者学习成长和产品创新，以及强化合作中的知识管理等方面的积极作用，从而促进研发成果转化。

在 RJVs 合作创新影响因素方面，主要考察 RJVs 成员核心要素和研发合作网络嵌合度这两个要素。其中，RJVs 成员核心要素主要包括合作意愿、合作经历、组织结构、组织制度、资源互补等；研发合作网络嵌合度主要包括合作责任、关系拓展、资源共享、胜任能力等。

在 RJVs 合作创新的技术创新与知识管理活动中，主要考察知识共享转移和知识类型转化两个过程阶段。前者指技术供给方通过一定的载体向 RJVs 成员传递所需的技术知识；后者指 RJVs 成员积极向其员工贯彻相关研发合作理念及学习成果。本书按照 SECI 模型[c]的知识分类，可以更好地体现 RJVs 研发合作中的技术创新与知识管理活动的目的及起到的作用。

在 RJVs 合作创新的作用效果方面，主要考察其对 RJVs 参与者的产品创新绩效和学习绩效的影响。

综上所述，本章构建下面理论研究模型（见图 5-2）：

---

a 详见齐欣，张秋英 . 测度 RJV 绩效的理论模型构建及检验——基于合作网络嵌合度和技术创新的视角 [J]. 经济问题，2012（1）：54–57

b 参见亨利・埃茨科威兹 . 三螺旋 [M]. 北京：东方出版社，2005：57–82

c SECI 模型，即知识创造模型，主要有四种基本模式： 潜移默化 (Socialization)、外部明示 (Externalization)、汇总组合 (Combination) 和内部升华 (Internalization)

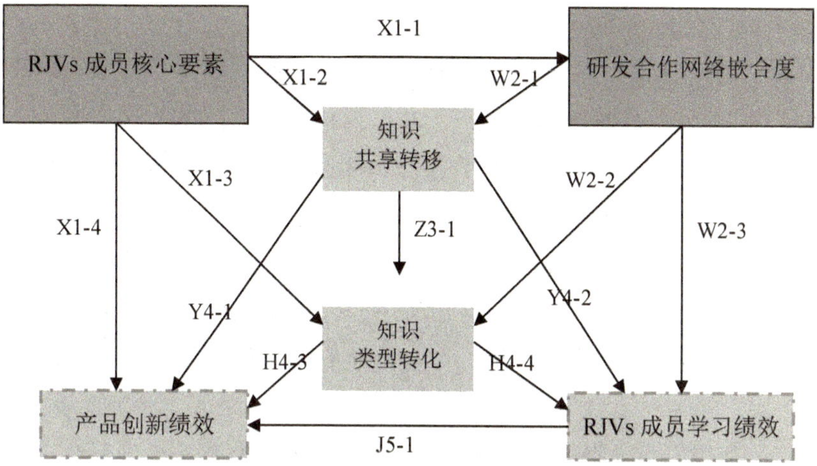

图 5–2 理论研究模型

表 5–4 理论模型中相关关系假设说明

Xl-1	RJVs 成员核心要素对研发合作网络嵌合度有显著的积极影响
X1-2	RJVs 成员核心要素对研发合作中的知识共享转移有显著的积极影响
X1-3	RJVs 成员核心要素对研发合作中的知识类型转化有显著的积极影响
X1-4	RJVs 成员核心要素对产品创新绩效有显著的积极影响
W2-1	研发合作网络嵌合度对研发合作中的知识共享转移有显著的积极影响
W2-2	研发合作网络嵌合度对研发合作中的知识类型转化有显著的积极影响
W2-3	研发合作网络嵌合度对 RJVs 成员学习绩效有显著的积极影响
Z3-1	研发合作知识共享转移对研发合作的知识类型转化有显著的积极影响
Y4-1	研发合作中的知识共享转移对产品创新绩效有显著的积极影响
Y4-2	研发合作中的知识共享转移对 RJVs 成员的学习绩效有显著的积极影响
H4-3	研发合作中的知识类型转化对产品创新绩效有显著的积极影响
H4-4	研发合作中的知识类型转化对 RJVs 成员的学习绩效有显著的积极影响
J5-1	RJVs 成员学习绩效对产品创新绩效有显著的积极影响

5.4.3 结论及研究的不足之处

从 RJVs 合作创新网络嵌合度和研发合作中的技术创新与知识管理两个角度分析 RJVs 研发转化绩效的影响因素，并据此构建理论模型和测度指标。在基础理论分析下，得出一系列相关关系假设，即在 RJVs 合作创新中，参与者合作形成的研发网络和由于合作而产生的知识转移、转化、创新对于研发合作战略目标的确立、产品创新绩效的增强、技术整合、创新速度提高和促进研发转化等方面都有着十分显著的积极作用。反过来，它又能不断激励企业 / 组织进一步参与 RJVs 合作，最终加快实现学术界、产业、政府的合作开发与自主创新，推动经济发展。

由于文献梳理的局限、实践经验的局限等，本节在建构模型时存在一定的片面性，并未考虑 RJVs 成员所在行业类别对研发合作中技术和产品创新、知识管理活动及参与者学习效果可能存在的影响，未能引入行业标准和市场运作规则等方面的外在影响，这是今后研究的方向。

5.5 本章小结

本章首先综述了 RJVs 研发转化的相关理论基础，然后从政策体系诱发的角度进行了研发转化路径的国际比较，并为我国发展 RJVs 提供了经验借鉴和启示。进而建立理论分析模型来研究 RJVs 研发转化中合作与分工的模式及收益问题。最后，从合作创新网络、技术创新及知识转移与管理等视角研究 RJVs 研发转化绩效，构建理论测度模型并进行指标设计。以上内容为我国 RJVs 合作创新的深入发展、科技成果转化以及自主创新战略实施提供了理论与现实的研究基础。

第六章 RJVs国别政策经验及我国的对策研究

6.1 RJVs 国别政策经验借鉴

一些发达国家的政府始终致力于制订具有时代特点并行之有效的政策法规，以支持和促进 RJVs 合作创新的发展，他们的政策实践也为我国相关政策的出台及落实提供了可操作的经验借鉴。

美国通过制定并实施一系列的法律法规来保障并积极推动 RJVs 合作创新的顺利发展，其中最为重要的包括《贝－多法案》(Bayh–Dole Act of 1980)、《史蒂文森－怀德勒技术创新法案》(Stevenson–Wydler Technology Innovation Act of 1980)、《国家合作研究法案》(National Cooperative Research Act of 1984)、《贸易和竞争力综合法案》(The Omnibus Trade and Competitiveness Act, 1988) 等。这些法案不仅允许大学拥有自己的专利，促进大学与企业之间的合作迅速发展起来，积极推进政府、大学及企业的创新思维和活动的联合，还消除了许多对许可的限制，有效地提高了美国企业的研发效率。同时，它们鼓励企业间组建 RJVs 进行大型项目的合作开发，并积极推进将项目的研发成果迅速扩散到行业内部，以促进行业整体发展。

欧盟于 1957 年签订《罗马条约》，1984 年启动 Framework Program（欧洲框架计划，于 2007 年启动了第七轮计划），1985 年建立 EUREKA。这些措施以市场需求为导向，通过促进产业界和研究机构间的合作研发创新，并对成员国内的组织进行研发资助，提高竞争力。这些 RJVs 合作研发网络积极促成了欧洲各个国家的企业、大学、研究机构及政府的合作，通过成本分摊型合作、互补型合作及技术革新型合作逐渐将 RJVs 合作研发扩展到更多的领域，

日本在 1949 年建立通商产业省（MITI，后更名为经济产业省 METI），制定了一系列鼓励企业间合作研发的政策。在此期间，积极支持企业组建合作研发联盟，为联盟提供充裕的研发资源，并保证资金持续稳定的供应；聘请大学及研究

机构的专家对联盟运行绩效进行评估，并不直接干涉联盟合作研发过程；积极制定优惠政策以提供财政补贴、特殊税收待遇等。1961 年日本政府出台了《矿工业技术研究组合法》，以保障 MITI 选择最为合适的企业间联盟的合作研发。在 1995 年针对信息和生物技术的发展，通过了《科学技术基本法》，积极鼓励产业界、学术机构及政府之间加强合作，为相关重大研发项目的合作联盟提供政策优惠。

6.2 RJVs 国别政策经验借鉴

一些发达国家的政府始终致力于制订具有时代特点并行之有效的政策法规，以支持和促进 RJVs 合作创新的发展，他们的政策实践也为我国相关政策的出台及落实提供了可操作的经验借鉴。

美国通过制定并实施一系列的法律法规来保障并积极推动 RJVs 合作创新的顺利发展，其中最为重要的包括《贝 – 多法案》(Bayh–Dole Act of 1980)、《史蒂文森 – 怀德勒技术创新法案》(Stevenson–Wydler Technology Innovation Act of 1980)、《国家合作研究法案》(National Cooperative Research Act of 1984)、《贸易和竞争力综合法案》(The Omnibus Trade and Competitiveness Act, 1988) 等。这些法案不仅允许大学拥有自己的专利，促进大学与企业之间的合作迅速发展起来，积极推进政府、大学及企业的创新思维和活动的联合，还消除了许多对许可的限制，有效地提高了美国企业的研发效率。同时，它们鼓励企业间组建 RJVs 进行大型项目的合作开发，并积极推进将项目的研发成果迅速扩散到行业内部，以促进行业整体发展。

欧盟于 1957 年签订《罗马条约》，1984 年启动 Framework Program（欧洲框架计划，于 2007 年启动了第七轮计划），1985 年建立 EUREKA。这些措施以市场需求为导向，通过促进产业界和研究机构间的合作研发创新，并对成员国内的组织进行研发资助，提高竞争力。这些 RJVs 合作研发网络积极促成了欧洲各个国家的企业、大学、研究机构及政府的合作，通过成本分摊型合作、互补型合作及技术革新型合作逐渐将 RJVs 合作研发扩展到更多的领域，

日本在 1949 年建立通商产业省（MITI，后更名为经济产业省 METI），制定了一系列鼓励企业间合作研发的政策。在此期间，积极支持企业组建合作研发联盟，为联盟提供充裕的研发资源，并保证资金持续稳定的供应；聘请大学及研究机构的专家对联盟运行绩效进行评估，并不直接干涉联盟合作研发过程；积极制定优惠政策以提供财政补贴、特殊税收待遇等。1961 年日本政府出台了《矿工业技术研究组合法》，以保障 MITI 选择最为合适的企业间联盟的合作研发。在 1995 年针对信息和生物技术的发展，通过了《科学技术基本法》，积极鼓励产业界、学术机构及政府之间加强合作，为相关重大研发项目的合作联盟提供政策优惠。

6.2.1 我国 RJVs 历史发展各阶段的特点

从合作的深度与广度看，我国的“产学研”合作主要分为三个阶段[a]：

（1）民间探索阶段（1986 ~ 1991 年）。这一阶段的主要模式包括技术开发、成果转让、技术服务等。虽然官方的政策表述中并未出现“产学研结合”的说法，但国家科技体制改革的实行却为企业与科研机构的合作指明了方向，激发了民间开展合作创新的活力和热情，迈出了探索 RJVs 的第一步。

（2）全面推广阶段（1992 ~ 1999 年）。这个阶段产学研的合作由民间小范围的自由探索向全国较大范围的有组织推广转变。主要模式是企业与高校的合作，范围从大中型国有企业向中小企业扩展。政府通过制定法律法规及财政、税收、补贴等政策引导并推动合作的开展。

（3）快速发展阶段（2000 年至今）。我国政府在 2000 年首次提出建立以企业为主体的技术创新体系，在 2006 年将产学研合作置于国家创新体系的战略框架中。在此阶段，各种形式的研发合作广泛开展起来，由点及面全线铺开，主要有产学研基地、科技园区、虚拟合作网络等模式。政策则由行政性主导转向保障与支持性的辅助。银行与风险资本的介入使 RJVs 融资渠道呈现多元化趋势。

6.2.2 我国 RJVs 合作创新的基本模式

a　参见石晓天，李晓峰. 我国产学研结合的政策研究[J]，理工高教研究，2009（4）：19–23

根据参与主体的参与程度及合作环境等的不同，在我国产学研合作的不同阶段，模式有所不同。在研发成果形成阶段（产品没有形成时），合作方主要采取市场需求引领模式，这是产学研合作的基础；在产品成型阶段，主要采取基地模式，这是产学研合作的扩展；在企业成长阶段，主要采取实体模式及科技园区模式，这是产学研合作成果的体现；在企业壮大阶段，主要采取虚拟模式，这是网络环境下产学研合作的再现（见图 6-1）。

我国有代表性的产学研合作模式，如基地模式的典型是由小天鹅集团与东南大学等多家机构共建东南大学无锡应用科学和工程研究院；实体模式的典型是北大方正、清华同方、东大阿尔派等著名校办高科技企业（集团）；科技园区模式的典型是电子科技大学与绵阳经济技术开发区联合建立的“大学生创业基地科技园”。目前我国已有高新技术创业服务中心（企业孵化器功能）100 余家，而我国第一家企业孵化器——东湖创业中心成立于 1987 年；创办于 1999 年的深圳“虚拟大学园”已经包括了近 40 所国家“211”重点院校、香港及国内其他地区重点院校，还包括两院院士活动基地等[a]。

a 参见张永安，张盟．我国产学研结合的创新模式 [J]．中国高校科技与产业化，2008（7）：28–31

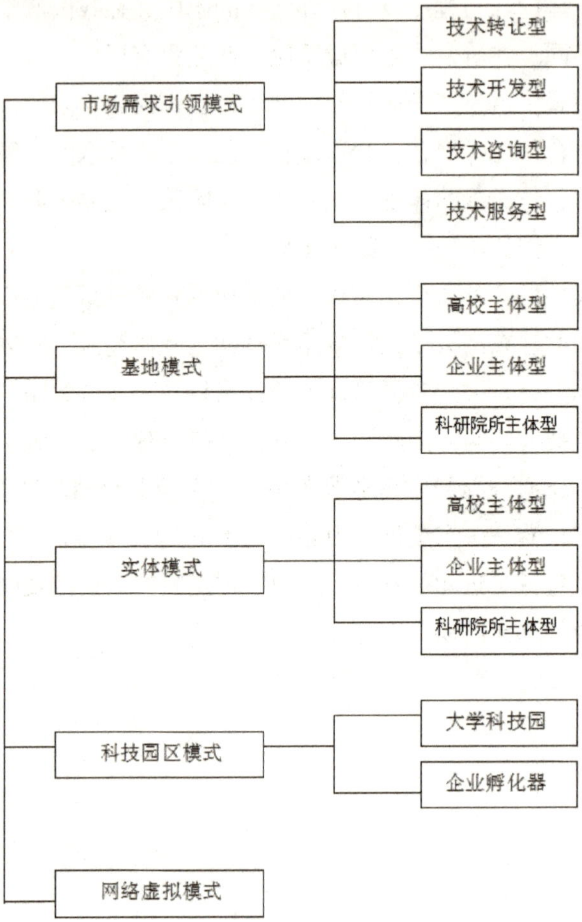

图 6–1 我国产学研合作基本模式

6.2.3 我国 RJVs 合作创新发展的新态势

随着经济体制、科技体制及研发体制改革的不断深化及经济结构的不断改造升级，我国企业的研发实力正逐步增强，产学研合作有了突破性的进展，取得了可喜的进步，呈现出新的发展态势。

（1）从产业结构调整角度来看，RJVs 趋向推动完整产业链的技术创新。在产业内构造完整的技术创新链的跨行业、跨领域的集成式 RJVs 开始出现，围绕产业新兴技术及标准的制定和应用展开合作。如由钢铁研究总院、宝钢等多家单位组成的产业战略联盟[a]，由一汽、东风、奇瑞等 10 多家汽车制造商组成的技术创新联盟[b]，由大唐电信、华为、联想、中兴等 30 多家单位组成的 TD-SCDMA 联盟[c]等。

（2）从创新主体角度来看，RJVs 日益成为各创新主体的内在需求。企业、大学、科研机构、政府都认识到只有建立合作创新机制构建合作网络，才能从产业的实际需求出发形成符合经济社会发展的创新成果，并培养出适应新经济建设所需要的人才。

（3）从主导角色的角度来看，市场机制逐步取代行政手段，对 RJVs 起主导作用。市场机制在产学研合作中的主导作用逐步增强。大量的创新合作从主体自身发展需求出发，在自主选择合作伙伴的基础上，通过合作协议开展研发合作并分配创新成果，其中最为重要的一点就是遵循市场经济规律的必要性。

（4） 从外界环境的角度来看，RJVs 的政策环境逐步改善。RJVs 在我国的发展中，政府的桥梁作用越来越重要，重视程度日趋加强，陆续出台了一系列促进科技成果转化的政策法规，如 1990 年出台的包括《著作权法》《商标法》《专利法》在内的《知识产权法》，1993 年的《科学技术进步法》，1996 年的《促进科技成果转化法》，1999 年的《关于促进科技成果转化若干规定》，2006 年的《国家中长期科学和技术发展规则纲要》，2007 年的《反垄断法》等都为支持产学研合作活动提供了政策和法律保证。“十二五”期间国家科技资源配置开始向支持产学研合作的方向倾斜，实施科技支撑计划的重要目标是合作研发的深化。各地方也积极制定促进产学研合作的有关政策措施。

（5）从运作模式的角度来看，RJVs 呈现出多层次紧密联系的合作局面。RJVs 与产、学、研、政府、中介机构、金融、信息及社会大环境均有密切联系。因此 RJVs 呈现出多层次的运作模式（见图 6-2）。产、学、研作为主体层，发挥研发合作的主体功能作用；政府及相关职能部门作为主导层，发挥组织、协调、

---

a　参见赵达薇，姚克中 . 论我国加快加强产学研联合的战略意义 [J]. 科技与管理，2004（2）：47–49

b　参见李丹，陈雅兰 . 浅析我国政府在推进产学研合作中的角色扮演 [J]. 引进与咨询，2003（10）：33–35

c　参见张永安，张盟 . 我国产学研结合的创新模式 [J]. 中国高校科技与产业化，2008（7）：28–31

引导职能；各类金融机构及风险资本作为辅助层，发挥为主体层提供资源支持作用；咨询、中介服务机构等作为服务层，发挥联结科技成果供需双方的作用；市场规则、运行规律作为市场层，为主体层提供市场渠道及手段。各层之间密切联系、相互作用，共同促进创新合作的实现。

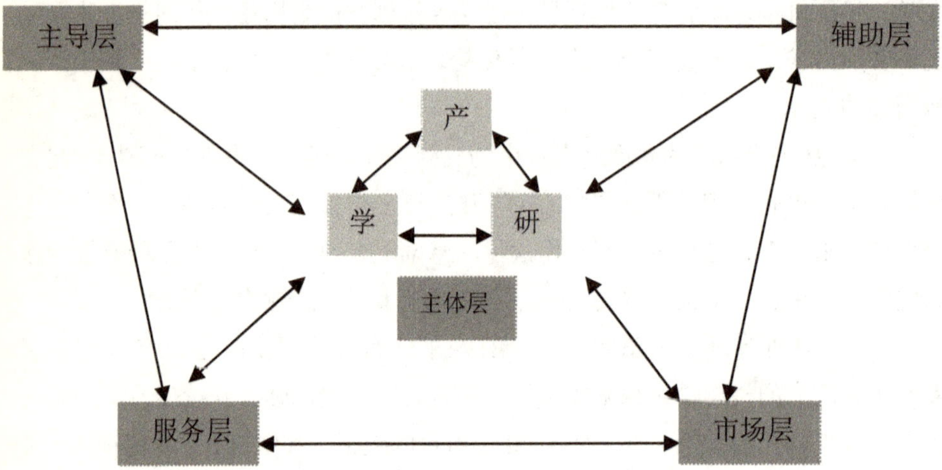

图 6-2 我国研发合作多层次模式

因此，在国家宏观政策导向产学研合作的背景下，RJVs 合作的层次不断提高，领域不断拓宽。产学研合作逐步沿着从项目突击式的结合向经常性的合作创新路径深化发展，由国内合作逐步发展到国际合作，由以往单纯以技术创新为目标逐步向以科技成果转化、人才培养、贸易投资功能发挥、自主创新等为目标转变。

6.3 RJVs 在我国发展的制约因素

虽然我国财政教育经费、科研成果转化、专利授权、高科技产品贸易额、技术市场成交额、科研机构及人员、企业 R&D 项目、经费及高科技产品占商品进出口贸易额等科技发展指标都较前些年有了大幅度的上涨，但是通过国际比较发现，我国产学研合作还处在初级阶段，2007年我国的R&D经费占GDP的份额较1994年增长了118.8%，美国仅增长了10.7%，但是我国的R&D经费占GDP比重的绝对数却仅仅是美国的一半。2008年，每万劳动力中从事R&D活动的人员，我国不到40人，而英110人，日本137人。2009年，我国ESI论文被引用率是5.24，仅是日本的一半，是美国的三分之一。一些深层次的问题和障碍制约着我国产学研合作向更深更广层次发展，也制约着技术创新体系的形成。本节总结如下制约因素：

6.3.1 思想文化认知的制约

（1）对RJVs合作创新全面作用认识不足。产学研合作不是某个历史阶段的特定活动，是与我国科技与经济发展相适应的历史必然，绝不是可有可无的。它是我国国情的需要，是经济体制改革和发展的需要，是实现赶超战略的需要。产学研合作是我国教育、科研、生产、经济、社会可持续发展的RJVs最佳模式。现阶段，低估我国RJVs合作创新的作用，会使产学研合作的思想认识基础日益薄弱；而对其作用的理想化高估，则是脱离现实国情的幻想，应认识到产学研合作的RJVs创新模式要受其所处的时代政治、思想、文化、经济、社会等各方面的制约。

（2）对RJVs合作创新模式认识片面。产学研合作模式要有一个不断变化发展的动态过程，不是静止不变的；产学研合作模式的选择必须结合各方自身的特点，灵活运用，不能照搬照抄地搞整齐划一的“万能模式”。

（3）对文化冲突认识不足。产学研合作中各成员不同的文化教育背景、价值取向、综合素质及个人追求等，导致产学研组织内部的个人价值观念、事业取向的多元化，使得产学研组织内部极易产生文化方面的差异和冲突，引发矛盾。例如，对创业文化的认知，还不具普遍性，这可能会引发各种矛盾，不利于RJVs合作创新的健康发展，但殊不知创业也许就是打通上下游企业之间的阻塞、实现科技成果向现实生产力转化的重要途径。

（4）对风险认识不足。合作创新过程中最主要的客观风险是技术风险和市场风险，合作各方要共担合作所可能产生的各种风险。

（5）对合作对象的狭隘认识。在产学研合作中，绝大部分企业看中的是知名度高的大学和重点院校，并且狭隘地认为“好”院校科研实力就一定比其他院校强，出现合作“门槛”过高的问题。同时，同等级别的院校与企业的“社会关系”越“好”，就越容易受到企业的青睐，因此，合作中常常出现重“社会关系”的问题。

6.3.2 参与主体的制约

（1）企业的制约因素。

① 对自身在创新体系中的主体地位认识不足。第一，从客观上看，由于我国合作创新相对于发达国家尚处于起步阶段，体制改革尚未完善，所以仍需要政府部门进行引导和调控，因此造成了企业在产学研合作创新中的主体地位不明显。

第二，从主观上看，国有企业进行合作创新动力不足，积极性不高。民营企业因为它们直接面临的是技术落后而被市场淘汰的激烈竞争，因此，创新积极性很高，但是大多停留在模仿层面，轻视了对先进技术的消化、吸收和再创造，从而失去了真正意义上的创新主体地位。

② 科研经费投入不足，创新能力不强。一般认为，研发经费达到销售额 5% 以上，而高新技术企业则达到 8% ~ 15%，企业才有竞争力。而我国企业的研发投入比例与这些指标有相当大的差距。2010 年我国只有不到三分之一的大中型工业企业有 R&D 活动，其中企业研发支出占企业销售收入的比重只有 0.93%，用于应用开发的资金明显不足，在一定程度上反映出企业重视当前利益而不重视长远利益、重视生产而不重视创新，还没有将技术创新作为企业生存与发展的第一需要。

③ 融资渠道狭窄，研发成果转化投入少。科技成果资金来源包括国家拨款、自筹、银行贷款等。据 2010 年有关资料统计，我国 R&D 支出的资金来源中，企业自筹占 71.7%，国家政策资金占 23.4%，而来源于风险投资的仅占 3.5%，还有 1.3% 来自国外资金。而美国恰好相反，至少有一半以上从事高新技术的企业在发展中得到风险投资的支持。

④ 缺乏合作精神及缺失信誉。企业的信誉特别是合作精神是影响企业合作研发效率的关键因素之一。国内大多数企业内部还没有形成一种良好的企业文化氛围，缺乏合作精神。同时，研发合作中除了看重参与方的研发能力，更需要认可其信誉与合作精神。而国内企业还缺乏对信誉的正确认识，只单纯考虑其有形

的利润，只是为了更加经济地获取别人的关键技术，这严重阻碍了我国 RJVs 合作创新的深化发展。

（2）大学、科研机构的制约因素。

① 对自身定位的认识不足。产学研合作中的高校等科研机构对自身的定位和分工认识不足，在产学研分工与合作互动的过程中，学和研是不可能替代企业的功能的。

② 科研选题与市场需求脱节，技术与经济脱节。实验室的“生产型”“市场型”成果的要求存在差异，与企业实践的脱离使技术创新成果市场适应性较差，造成投入巨资的研究项目不能产生经济效益。因此，技术的供给问题没有根本解决。例如，20 年（从 1985 ~ 2005 年）发明专利申请量位居前列的高校——清华大学、上海交大、浙江大学、复旦大学、天津大学等，专利数量最多的达到 1000 多件，最少也有 200 件，但科技成果实际转化率只有 10%[a]，这导致我国极为有限的科技资源的巨大浪费。同时，大学等科研结构的成果以高新技术成果为主，实现商品化的周期长、投入多、风险大，与目前很多企业尤其是中小企业所需要的以产值为核心的“短平快”项目有很大的差距。再有，由于没有真正建立起大学服务于社会的办学理念，高校教师科技成果转化意识淡薄。

③ 成果评价体系尚不完善。大学、科研院所的绩效考核、业绩评价等制度与职称评定、晋升的关系决定了科研人员的价值取向。不面向以企业需求和市场需要为核心目标的合作创新使得科研人员进行成果转化的动力不足。

④ 创新型人才培养方面有待加强。目前企业对高校培养创新人才的要求较高，但企业参与高校创新人才培养过程的却较少。高校缺乏足够的实践条件，缺少具备实际经验的教师，在创新人才的培养上存在较大困难。

（3）政府的制约因素。

①政府对产学研合作的引导作用有待加强、政策环境有待完善。政府的定位应该是一个有效的协调者，发挥引导作用，而不是过度地进行管制。当前我国促进产学研合作的政策、法规及相应配套措施不够完备，这制约了我国 RJVs 合作

a 参见张永安，张盟 . 我国产学研结合的创新模式 [J]. 中国高校科技与产业化，2008（7）：28–31

创新的进一步发展。具体来说，陆续出台的《专利法》《技术合同法》《科技进步法》《知识产权法》《技术市场管理法》等法规和《国务院关于加强技术创新，发展高科技，实现产业化的决定》等一系列促进成果转化的政策对产学研联合产生良好的促进作用，《国家中长期科学和技术发展规则纲要》及其配套政策提出了促进产学研结合的政策方向，但具体可操作的实施细则还有待制定。目前还缺乏鼓励科技经纪机构的立法和政策措施，中介人的权益得不到保证。

② 政府在成果转化中的风险责任意识有待加强。目前高校等科研院所与企业沟通不顺畅问题还比较普遍，而企业对高新技术缺乏消化与实施能力，导致科研成果转化不利或者失败，最重要的原因是实验研究向企业生产过渡的中试实验环节经常被忽略。然而中试实验需要的资金投入高并且风险大，必须有政府的参与投资。

③ 公共中介平台和服务体系有待健全。产学研合作中，中介机构是一个为合作沟通信息、牵线搭桥、提供咨询服务并协调彼此利益关系的社会中间组织，作用非常重要，而我国目前专门协调产学研各方的中介机构还不多，功能不健全，缺乏仲裁机构。因此，我国服务于产学研合作的信息渠道较分散，合作网络不够畅通，中介服务体系不够完善，公共服务平台作用尚未得到充分发挥。

6.3.3 机制建设的制约

（1）创新机制不健全，信息传导机制不畅通。目前我国在从基础研究到企业产品开发的创新过程中，有技术成果的科研院所找不到转化的路径，急需创新技术的企业很难找到好的技术成果，因此缺乏成果资源信息共享平台。同时，合作中各个主体、各项职能、各种流程之间都会涉及大量不同的信息，信息传输中的黏滞现象时常发生，这种信息传导机制的失灵影响了合作研发的效率。

（2）科学治理规则不明确，利益分配机制不完善。合作创新的科学治理规则应当是：合作前明确各自的责任、权利和义务，合作中严格履行协议，出现问题按照协议和有关规定进行处理。但在我国的 RJVs 合作创新中，由于缺乏一套完整的、能适应现代企业环境治理的规章制度，造成了权利义务不清、利益分配不均等问题。目前我国的产学研合作中，合作协议对责、权、利界定不清，对合作成果的分享规定不明，导致合作不能长期进行。

（3）信用机制不规范，市场机制作用不完全。导致研发合作缺乏稳定性和长期性的一个重要的外界因素就是信用制度的不规范。目前我国 RJVs 信用机制存在的突出问题是信息不对称、激励不对称和风险不对称，极易引发合作的短期行为，导致成果转化受阻，或在合作过程中产生机会主义和不道德行为。同时，当市场机制在我国的 RJVs 合作创新中逐渐发挥主导作用的时候，仍然存在用行政手段替代市场机制的现象，但是应当注意到，即使是政府主导的合作也应以自愿结合和互利共赢的市场规则为前提。

（4）缺乏金融支持，投融资机制不完备。近年来，我国金融机构虽然创新业务模式，尝试采用知识产权质押等方式支持产学研合作，但其覆盖面有待进一步扩大。由于投资于高风险的高科技创业的成功率通常只有 10%，因此硅谷独特的一种投融资模式，即风险资本，成为金融支持技术创新的典范。国外的经验表明，没有风险基金的介入，合作创新项目就很难进行。我国在产学研合作中缺乏风险投资，已成为拉大我国与世界发达国家间的技术差距的重要原因之一。

（5）组织机制不完备，人才培养机制不健全。产业技术重大创新需要形成持续且稳定的合作关系，而我国目前的产学研合作组织形式还不能适应要求。一方面，我国多个企业围绕共同的技术创新需求建立起来的持续性合作关系较少。另一方面，合作形式松散而且层次低，缺乏保障持续性合作关系的组织机制。同时，创新人才的综合素质还亟待提高，目前我国还缺乏大量既有科技知识又掌握公司法、专利法、合同法等法律法规基础知识的综合型高素质科研人才。

（6）立项机制不完善，评价机制不全面。目前我国还缺乏与产学研合作相适应的项目立项和评审机制。现行的这种评价体系仅体现科技成果的“技术价值”，而忽略了其“市场价值”，造成科技成果的有效供给不足，导致科研没有面向市场需求，使生产与市场脱节。

6.3.4 法律法规的制约

由于受到相关政策、法律的限制，我国产学研合作的实践探索进展非常缓慢。世界各国均通过立法形式对国家创新体系中各主体之间的有效互动予以明确界定，对产学研合作中的各方主体利益关系予以规范，而我国与产学研合作相关的政策法规体系还不全面，有关法律制度也较为分散，数量少、层次低，系统性不强，法律规定过于原则化和笼统化，可操作性及针对性不强。我国仅在新修订的《科学技术进步法》及《科技成果转化法》中论述了与产学研合作相关的法律制度，但也只是从科技发展与经济建设的关系及对高新技术研究和高新技术产业发展指明了方向，并没有具体的细则对合作创新予以活动规范和实施保障。

总之，RJVs合作创新是与我国社会经济发展客观规律相适应的社会性生产方式，具有持续的生命力。在其发展中出现的问题只是产学研合作过程中的阶段性问题，主要由其合作的模式及运行机制的缺陷所致。只要我们提高对RJVs合作创新的科学认识，在实践中不断加以完善，以创新、开放、包容、发展的观念支持RJVs在我国的发展，就能推动我国科技进步，促进产业技术创新，加速科技成果转化，推动贸易投资一体化功能发挥，实现自主创新。

6.4 RJVs合作创新的主导方向

当今社会，科技实力特别是创新能力已经成为区域竞争的制高点，能否建设一流的合作创新平台以促进研发转化、贸易投资功能组合及自主创新，已成为区域乃至国家经济腾飞的重要标志。同时，合作创新平台的资源整合程度、功能保障机制、协调系统完善等与区域经济发展的适宜程度，直接决定着区域研发转化及自主创新的效率。因此，构建研发成果转化、贸易投资功能组合及自主创新平台是保障区域、国家创新系统高效运行实现自主创新的重要条件。对于RJVs而言，在明确了合作创新面向市场的发展方向后，还要明确它的主体目标导向。这个综合性平台的构建正是实现其功能组合目标——初级目标、保障目标、核心目标的保障，也是RJVs合作创新的主导方向。

6.4.1 建立初级目标的功能整合平台

RJVs合作创新的初级目标，就是通过联合或合并重组，解决科技投入不足、资源力量分散、重复建设等问题，通过资源的合理配置，实现科技、人才、产业三种资本的优化重组，提高资源利用效率。根据这个初级目标，尝试建立 RJVs 功能整合平台，使资源与信息共享，体现要素与要素之间、要素与环境之间的协同性，使得研发转化、贸易投资功能、自主创新平台能呈现出单个组成要素所不具备的职能。

RJVs 合作创新主体要素的核心结构主体企业、大学、科研结构与组织协调主体的政府及金融企业、中介机构等服务主体在区域内形成合作网络，将区域生产要素在区域环境中重新组合，使区域产业获得新的发展空间与活力。产业生产要素重新组合的结果，使得产业链的各个环节在区域内重新分布，推进了区域产业由较低层次向较高层次的发展。历史经验表明，重大知识创新和技术进步往往能够衍生出新兴产业，或者在原有产业平台上促使主导技术发生质的飞跃，从而带动整个产业技术系统的大幅度跨越，最终使区域产业达到或超过世界领先水平。这也是产业根植发展的优势。

6.4.2 建立保障目标的功能保障平台

RJVs 合作创新的保障目标，是通过合作体制创新和制度创新，保障实现“强科技、强经济、强竞争”的合力目标，为实现主体的核心目标提供良好环境条件。根据这个目标，尝试建立功能保障平台，以保障区域自主创新战略资源的供给，有利于知识财富和科技资产存量和新增量的不断积累，对于区域在世界竞争中的实力和地位将产生深远的影响。积极鼓励将这些累积资产与企业的经济资产相结合形成企业创新系统中的重要科技资产，使其更好地继续发挥创新资源的作用。要实现这个保障性目标，关键在于贸易投资组合功能推进的过程中，能否通过深度消化吸收来充分有效地利用创新资源，形成区域自主创新能力。因而需要针对区域自主创新的特点和过程，建立先进技术引进、先进技术转移、先进技术学习、人才集成和项目集成等区域自主创新服务保障性平台，实现区域自主创新交易成本的节约，促进区域经济发展自主创新。

同时，国家通过制定政策和规章制度的导向作用，由国家来组织、协调和指导产学合作的开展，发挥国家的宏观调控作用，运用各种法律和必要的行政手段，促进 RJVs 合作创新向更强、更深、更全面、更持续的方向发展。

6.4.3 建立核心目标的功能协调平台

RJVs合作创新的核心目标，就是逐步实现科技成果产业化、科技产业社会化和市场效用最大化。为此，尝试建立区域功能协调平台，通过有效协调合作中各主体之间的关系，克服“市场失效”，最终实现区域自主创新战略。

（1）实现科技成果产业化与企业核心能力最大化的战略导向。RJVs的科技实力、人才实力、经济实力是支撑科技成果产业化的基础。只有通过保证研发经费持续增长，以支撑科技创新和产业发展；通过发挥人才作用机制提高创造性、竞争性科技和管理人才所占比重，稳定人才，吸引人才；通过技术和产品的开发，生产能力的开发，产品市场的开发，在技术商品的市场容量和市场竞争力上做突破；通过开发生产市场所需的新产品，调整产业结构，形成产业链、产业群，实现产业运行的规模化、系列化和产业升级换代。

要实现上述核心目标，一个很重要的实现途径就是促进企业核心能力的形成。通过RJVs合作创新，企业可以加快培育某发展阶段的自身核心能力，无论是技术、人才还是管理、沟通等。但是无论哪种核心能力，都离不开科技和人才的支撑。另外，企业核心能力的建设不单单是自然科学领域，还涉及人文社会科学，如产权分配、风险资本等问题，以及贸易投资的拉动等经济领域，因此，企业核心能力的培育要跳出纯技术合作的框架，站到企业整体和长远发展的战略层面。

（2）实现科技产业社会化与决策激励合理化的战略导向。这个核心目标是通过社会化工作使科技成果和科技产业的应用性发挥出强大的社会功能。通过学校或科研单位参股到社会企业中去，使科研院所融入社会，成为产业开发投资的主体；通过在更大的社会范围内实现用科技产业改造传统产业，提高传统产业的整体质量和水平；通过科技成果和科技产业的示范、推广和 培训，提高广大劳动者的科学素养，增强自主创新能力。实现这一目标关键要有一个融入社会的畅通的信息传播渠道，以及高素质的参与创新人才。

因此，决策与管理机制及激励机制的建立使得上述目标得以实现。RJVs合作创新中要明确决策与管理的目标，明确决策与管理需要解决的问题，明确决策与管理运行机制的有效测度等。同时通过组织保障机制、制度保障机制、利益分配保障机制、激励机制来协调各个参与主体的目标和行动的一致性。通过国家宏观调控手段与市场调节手段的结合，寻找产学研合作各个主体的最佳结合点；通过调节、平衡与约束机制解决合作中出现的矛盾和偏差；通过合作组织系统、合作协议、法律法规、政策等指引合作各方的行为，促进合作的高效和可持续运行。

（3）实现市场效用最大化与运作机制高效化的战略导向。这个目标就是除技术因素以外，合作的效用还要考虑到市场中对供求关系、成本、价格、营销策略、服务质量等的要求，把追求科学抱负与追求商业利润紧密结合起来，在市场需求的导引下，使生产的科技产品真正投其所爱、供其所需、补其所缺。要实现这个核心目标，需要调动合作各个主体的主观能动性，充分发挥各主体的优势、积极性和创造性，优势互补、互利互惠、共同发展，建立契约信用型的合作机制是关键。区域自主创新系统的高效运行，依赖于创新资源系统的支撑，依赖于区域自主创新系统效率的实现，依赖于区域自主创新平台支撑和协调功能的充分发挥，依赖于区域自主创新平台的共有结构和制度性安排，而这些也是 RJVs 合作创新三个目标的实现路径。

综上所述，RJVs 合作创新的目标是由初始目标、保障性目标和核心目标所构成的一个目标体系，各个目标相互联系，互相补充，缺一不可。这些目标指明了 RJVs 合作创新的发展方向和定位。经验表明，通过建立区域研发转化和自主创新平台的搭建，使得技术、信息、管理三者之间形成良好的运行机制和相互支撑能力，有效地推进区域的创新活动，进而实现以产业创新推动区域经济发展的自主创新目标。

6.5 RJVs 合作创新的对策建议

基于对 RJVs 理论与实践的研究，以及对我国 RJVs 发展的现状、制约因素、功能定位的分析，本节对 RJVs 合作创新提出如下具有针对性的对策建议。

6.5.1 RJVs制度建设的对策建议

（1）营造良好的社会氛围，建立长效的信用机制。加强对RJVs合作创新在国家创新体系和创新型国家建设中的重要地位和作用的宣传，大力推广成功经验和有效合作模式，加强RJVs合作相关政策的宣传，弘扬求同存异、合作共赢的创新文化。同时，区域社会信任度的提高有助于促进技术复杂型和契约密集型行业的自主创新和技术进步，从而有助于改善区域经济结构、产业结构、出口结构及贸易投资方式。因此，在RJVs合作创新中要强化契约意识，提高合作主体互动效应，鼓励创新合作方式，建立以政府为主导的合作信用监管制度，包括合作信用预审制度、合作信用信息存档和备案制度、信用风险识别制度、信息有序披露制度、信用承诺评估制度、信用预警制度等。

（2）构建开放式的监督与评价体系，建立全新的绩效奖励模式。逐步完善有利于国家创新体系的科研成果评价指标体系，将RJVs合作创新、科技成果转化列入企业、科研机构及政府部门的中长期发展规划和业绩考核。

建立以市场效益为核心的科技成果效益评价体系。例如，对于接受不同形式经费援助开展研发合作项目的优秀团体，可通过专项基金进行绩效奖励；又如，通过分类评估、分类奖励制度建设，把绩效奖励当作给合作项目拨款的一种形式。同时，在构筑我国RJVs开放式管理与评价体系中，根据国情与项目特点，主动与国际水平接轨，引入境外专家参与的评价过程，尽快缩小我国在合作创新相关领域与国际先进水平的差距。

6.5.2 RJVs研发转化的对策建议

（1）加大研发投入，充分利用社会资源，拓展多元化融资渠道。企业要加大对研发的投入，鼓励并推广企业与政府间设立专项的联合研发基金。中试阶段的研发有利于成果的尽快转化，从根本上解决科技与经济相脱节的问题，因此加强中试研究的投入比例，促进成果的转化。

充分发挥资本市场特别是证券市场、风险投资市场和担保机构的作用，积极为RJVs创办的实体提供股票上市的机会，扩充合作投资吸纳更多社会资金，创造推动相关高新技术企业到海外资本市场进行融资的条件。进一步扩大优势企业在国内和海外资本市场上市的规模，鼓励增资扩股。完善技术交易所、产权交易中心功能，逐步建立和健全风险投资退出机制。

为了进一步拓宽经费来源，政府需要出台相应的政策与措施，指导投资方向，鼓励和支持社会资源通过投资、集资参股等多种合作方式，构建高新技术企业风险投资公司，以吸收民间资金或利用资本市场、金融市场等来拓宽科技融资渠道，使合作创新的投融资体系走向多元化、立体化。通过采取各种灵活的政策完善风险投资机制，如税收优惠、资金担保、财政补贴等措施引导资金流动，壮大风险投资规模。

通过加大研发投入，拓宽融资渠道，充分利用社会资源，逐步形成以企业投入为主体、政府投入为引导、银行贷款为支撑、社会集资和引进外资为补充的多元化投融资体系。

（2）大力培养创新型人才，推动研发转化的快速实现。区域自主创新需要产业技术人才、企业家人才及其他专业技能人才。培养创新型人才应贯穿于 RJVs 发展的始终，在推进科技研发、成果转化、贸易投资牵引及自主创新的同时，促进我国人力资源开发的可持续发展。构建教学、科研、生产、培训为一体的创新人才培养平台，推动实现研发合作与人才培养的双向对接过程。应加大人力发展政策的力度，利用有效的政策手段促使人才供求均衡向有利于合作研发、产业创新、区域繁荣的方向发展。

近年来，伴随着产业转移重心由制造业转向服务业，《2009 世界投资报告》显示，目前 FDI 主要流向服务业，其次才是制造业，服务业的发展必然导致服务贸易的迅速发展。目前我国已成为全球跨国公司服务外包的重要承接地，发展现代服务业已成为我国经济发展重要的战略目标。人力发展政策应提供更加便利的服务业创业融资渠道，为中小企业营造更加宽松的经营环境，将“就业型人才”更多地转化为“创业型人才”，为企业培养多层次、多类型的技术人才的同时，为区域经济发展储备创新型人才库以适应现代服务业和服务贸易的广泛开展。

6.5.3 RJVs 贸易投资功能组合的对策建议

从技术开发与投资，技术模仿与扩散，技术转让与应用的技术输出与输入运行机制出发，按照研发的理论研究、应用研究、技术开发等类型要求，结合投融资中的基础性项目、竞争性项目和公益性项目分类，根据企业的投资、贸易结构和数量、研发结构和数量、研发转化密度和效度等，沿着研发成果到研发转化的环节，依据比较优势原理，获得区域的梯度发展和生产要素的能级及自主创新能力的聚散的极化效应、扩展效应、回程效应、自乘效应以及虹吸效应，从而达到按照国际惯例和 WTO 规则进行产业贸易效果，财富贸易的互补利益，要素贸易的比较利益和国际技术贸易的自乘利益等比选方案。因此，建立投资、经贸方式牵引的区域内研发转化基地，最终实现自主创新的国家发展战略。

6.5.4 RJVs 自主创新的对策建议

（1）提高 RJVs 合作创新的组织工作效率，建设和完善合作机制。合作中的全局性的组织工作效率，决定着知识、技术、成果、人才、资金等创新资源应用于企业的规模和水平。着力聚集一批研发机构和各类高新技术企业，推进企业、大学、科研机构以及中介服务机构等微观组织的高效互动，提高创新效率，促进研发转化，拉动贸易的软硬环境。

① 企业要在技术合作创新中确立自主地位。要真正成为合作创新的主体，企业首先需要拥有明确的产权关系，享有相应的经营自主权，并加快建立现代产权制度。企业结合自身情况和市场实际需求，选择科技含量高、技术成熟度高及有良好市场前景的成果和对促进本企业研发转化具有潜在效用的合作伙伴。经济全球化的今天，当跨国公司把“研发国际化”列为优先发展的战略目标时，我国的合作创新眼光不能只局限于国内的范畴，应跨出国门，到有资源、有市场且限制条件较少的国家 / 地区投资，形成国有资本、境外资本、民间资本相互融合、共同发展的投资合作新格局，走产业贸易和技术开发一体化、国际化的道路。

② 大学、科研院所要在技术合作创新中转变传统观念。大学办学应遵从与市场联合、服务社会的原则，我国的高校建设应突破传统的办学理念，通过高校科技成果、科研资源入股企业合作创新，主动“走出去”，积极参与多种形式和全方位的企业改造、产品开发、地方科技攻关、各级政府、企业的政策咨询培训等活动；通过聘请企事业单位专家作为兼职教师、吸引社会投资与捐赠等灵活合作方式，主动将企业和社会资源“引进来”。积极与企业联合构建实习基地及大学科技园建设，充分发挥高新技术创新创业人才培育及企业孵化基地等功能。同时，通过体制创新，让长期游离于市场之外的科研机构进入市场并根据市场需求

开展科研活动，建立符合市场经济规律的运行机制。大学、科研院所应确立自身的发展方向和特色，在合作创新中实现区域科技链与产业链的联动。

（2）重新定位政府功能，制定并完善推动合作创新的政策及相关法律规定。

① 加大资源配置引导和支持RJVs的力度，确立合作创新的战略框架。政策向支持合作创新的方向倾斜，对长期战略性的合作创新给予重点支持；设立专项计划或基金支持大学、科研机构的技术成果向企业尤其是中小企业转移；通过“投资、体制、机制”三位一体的宏观经济改革，以投资为导向，以体制促进制度创新，从而建立新机制，突破合作中管理分割的体制性障碍，组建专门的机构或组织加强部门之间的协调和部门与地方在资源配置与共享、人才培养与开发等方面的联动，确立战略性框架，构建科技创新、成果转化和人才培养的国家创新的新体系。

② 加快立法支持，推动研发合作规范化及法制化进程。制定针对 RJVs 合作创新的专门法律及资金支持政策，以完善投融资体系，引导风险投资等。加强立法激励合作研发各主体的创新意识，规范主体市场行为，并使政策的实用性和可操作性更强。加强知识产权保护，建立和完善利益分配机制。例如，通过积蓄专利拥有数量和加快申请专利速度、运用专利文献经营等措施，实现企业国际化经营战略；加大《知识产权法》执法力度，使知识产权成为分配机制建立的要素。同时，建立透明开放体系，健全法规，推进和保障合作创新进一步发展。例如，通过科学透明的招标方式公开确定合作研发项目；通过立法规范政府的管理和拨款行为，保证合作创新项目的法律地位。尊重市场规律，健全相关法规体系，激活竞争机制、效率机制、评价机制、淘汰机制，形成 RJVs 合作创新的长效机制。如贯彻落实《专利法》，使资产评估成为合作研发、高新技术成果转让、入股、参股的重要依据。

（3）搭建市场化的公共服务平台，构建创新型社会服务体系。面向社会统筹安排，积极发挥政府行政效能，搭建以知识产权为载体、以中介服务和风险基金为支撑、以网络信息为保障的开放、高效的 RJVs 公共服务平台。

① 搭建中介服务平台。科技咨询、中介服务机构是国家创新体系的重要组成部分，是实现科技与经济结合的桥梁。加强知识产权代理机构、律师事务所、

资产评估机构、技术交易机构及科技成果评估机构等社会化服务机构的建设，不断提高服务质量与水平，培育一批有水平、有信誉、有知名度的市场化的信息、技术、咨询中介服务机构。通过各类咨询、中介组织的网络化运作，加快技术成果转化。

② 搭建信息服务平台。信息传递的畅通与否直接关系着研发合作的实现效率，因此国家、地方政府、企业、大学等科研院所应重视合作创新中科技信息网络的建设。“信息高速公路”的建立为研发合作提供高效的信息网络环境，促进合作主体之间的相互了解，实现研发合作创新。因此要大力建设企业、大学、科研机构双向沟通的信息系统，搭建研发合作的公共信息服务平台。

③ 搭建其他专业化服务平台。合作研发中会遇到各种问题，比如合作纠纷的协调仲裁。因此，加强相关部门或机构在处理合作纠纷中的权威性是必不可少的。例如，成立专门的合作仲裁机构及专门的政策研究机构，积极吸纳社会各界人士，最大程度上保证政策法规的公平性和可贯彻实施性。

总之，全社会应鼓励 RJVs 合作创新活动的开展，积极构建企业间合作创新的体系，提高大学教育与技术产业发展的契合度，增进政府培育 RJVs 的制度能力，大力推进金融创新以促进技术创新，促进资源配置与布局结构调整，提升我国科技竞争力和产业结构，推动自主创新进程和创新型国家建设目标的实现。同时，从我国国家发展战略和国家总体利益出发，创新基础设施及 RJVs 合作中各种不可或缺的要素，推动资源共享整合、技术创新与传播，技术投资与贸易牵引，加速开发与我国新世纪经济社会发展需要相适应、与建设 RJVs 合作创新相匹配的技术型、管理型人力资源，推动促进理念向产品、服务、产业、区域转化的各种法规的完善，提升我国整体科技创新能力，促进 RJVs 制度建设、研发转化、贸易投资功能组合及自主创新平台的建立。

第七章 结论

在经济全球化和知识经济的新时代，中国经济结构的调整和创新型国家的建设最终要通过自主创新的国家发展战略来实现。区域产业根植性发展形成的聚集效应为相关企业的生存与发展提供了资源基础和竞争力的保障。通过合作创新才能共赢已经得到了产业界、学术界、政府部门、金融服务界及中介组织等的共识。如何将 RJVs（研究型合作组织）这种新型的合作组织形式、创新制度模式及利用外资方式，灵活有效地应用到我国的转变经济增长方式的改革实践中，并发挥其促进技术创新、研发转化、贸易投资功能一体化及自主创新的强大作用是本书研究的缘起和落脚点。

本专著首先阐述研究背景和意义，研究的理论基础，即研究中所涉及的国际贸易理论、国际经济合作理论、国际分工理论、区域经济发展理论、创新理论、产业组织理论、投资理论等，研究内容与框架，研究方法、创新之处及难点。其次，主要对以往国内外的研究文献中关于 RJVs 的定义、内涵、成员、分类、动因、风险、规模及稳定性、绩效及关联影响、模型、研究方法、产业根植性等进行了理论及实证研究的梳理。继而，将美国、日本、英国、法国、意大利、芬兰、瑞典及澳大利亚这些 RJVs 活动开展较普遍的国家的合作研发情况进行了梳理和比较。从理论层面探讨 RJVs 这一合作创新制度安排对于研究开发和成果转化及产业提升经济发展的合理性和可行性，主要从技术知识本身的公共物品特征和耐用性特点及合作创新网络的特性两个视角来探讨 RJVs 合作创新的制度安排合理性问题。以天津市滨海新区为例，对 RJVs 合作创新制度设计的实践进行了分析，着重探讨了 RJVs 在滨海新区的根植性问题，借以揭示滨海新区制度设计对于研发创新的本质作用；构建三阶段博弈模型，以便明确滨海新区的制度优势对于自主创新和改革开放的影响机理；针对滨海新区对于研发转化的影响，提出相应的对策建议。之后，基于 RJVs 作为一种利用外资方式的分析视角，分析了 RJVs 运行绩效的评价方法，在以往实证研究的基础上，分析影响 RJVs 运行绩效的决定因素，建立了 RJVs 运行绩效评价的一般模型。对 RJVs 利用外资的正向技术溢出效应进行了分析，对 RJVs 利用外资的反向技术溢出效应进行了分析。在对 RJVs 研发转化绩效研究分析中，从 RJVs 研发转化的经济学视角、技术创新视角、管理学视角进行相关理论的梳理和研究，为后文提供理论基础和分析依据。对 RJVs 发展较快的美国、德国、日本、韩国、英国的研发转化路径、模式、特点进行对比分析，为我国的 RJVs 合作创新的发展提供了先进的经验和有益的启示。RJVs 研发转化的路径是合作创新过程中互补性合作与合理化分工之间的有效结合，因此在一系列的相关假设前提下，分别建立 RJVs 研发合作与分工的模式及收益模型，分析 RJVs 研发转化路径的理论基础。最后，与发达国家相比，我国 RJVs 发展尚处于初期起步阶段，随着我国体制改革的不断深化，RJVs 合作创新呈现出推动完整产业链的创新、日益成为各个创新主体内在发展需要、市场机制取代行政手段、政策环境逐步改善以及多层次发展等新趋势。构建功能整合平台、功能保障平台、功能协调平台等综合性服务体系的主导方向下，提出包括宏观、微观、群体、个体等各层面的相关制度建设、研发转化、贸易投资功能组合及自主创新的对策建议，以促进 RJVs 在我国发展。

本专著在分析 RJVs 制度设计时，本书只考虑了滨海新区核心产业要素 RJVs 的根植性特性，但是对于其嵌入程度与研发基地建设的作用效果还缺乏实证检验，而且在本书中构建的三阶段博弈模型中，制度设计的关键要素仅有基础研究、产业近似度和 RJVs 规模三个变量，博弈分析的相关假设和演化过程相对简单，未来的研究可以引入新的影响变量，并考虑博弈分析中，滨海新区内生制度变迁对自主创新和改革开放的影响效果。同时，在分析 RJVs 研发转化绩效时构建了研究的理论模型，包括 RJVs 合作、分工模式及收益模型和研发转化绩效评价模型，研究还仅仅局限在理论分析缺少实证检验。同时，今后的研究应深入挖掘某一特定产业的 RJVs 合作创新的特质，在引入行业标准和市场运作规则等方面对该模型做进一步的修正与完善。再有，本书设计了评价 RJVs 运行绩效的一般模型和指标，但只是从定性的角度来分析，缺乏定量的研究，而且各个评价指标的权重问题也未被考虑进来。同时，在探讨外资企业在本国建立 RJVs 和本国企业在海外建立 RJVs 的技术溢出和技术吸收效应时，未结合 RJVs 合作创新对于福利、补贴及反竞争等的外部绩效进行考察，因此对 RJVs 利用外资模式的发展中所遇到的现实问题缺少判断和解决方案。

以上内容都成为未来研究的方向和重点。对于研究中的难点之一实证研究问题，由于国外 RJVs 数据存在使用权限，因此今后的研究中是否可以尝试通过对已有的外文实证文献的相关数据进行梳理和引用，来验证本书的模型效果及分析结论。同时，由于国内还没有 RJVs 数据，因此今后的研究中是否可以通过对国内产学研合作的有关数据进行采集、整理、剥离及整合用于对本书模型进行检验。以上两种方法的科学性与可行性还值得讨论，而且操作难度大、耗时长，所得结论的支撑力和说服力也有待实践的检验，但是，对于 RJVs 合作创新研究的进一步深化还是有益的，值得在未来的研究中进行尝试。

后 记

多年来，我和我博士生导师齐欣教授的团队一直密切关注中国经济发展过程中遇到的新问题、“新形势”下中国经济增长的困境与出路，研究如何构建研发成果转化、贸易投资功能组合及自主创新平台，以保障区域、国家创新系统高效运行并实现自主创新。基于我一直致力于RJVs理论与实践的研究，以及对我国RJVs发展的现状、制约因素、功能定位的分析，尝试对RJVs合作创新提出具有针对性的对策建议。因此，在完成了我的博士学位毕业论文和参与完成相关的国家及省部级科研项目后，经过对研究资料的重新整理和补充，形成了这部专著。

长期以来，我在感受师恩、秉承师德、体悟师道、传递师理的过程中，始终不渝地坚持专业研究的轨道，传承先师们的学术思想，弘扬先哲们的学术精神，获得了丰硕的教育成果和研究成果。在完成此专著之际，我要感谢我的博士生导师——天津财经大学齐欣教授。齐教授博学多识、才华横溢、气质非凡，引领我涉足全新的RJVs研究领域。她严谨的治学风范、开拓的研究视角以及深厚的专业素养使我受益良多，从研究方法的传授到思维方式的培养，齐教授对我影响颇深。特别是在我研究RJVs的过程中给予我许多灵感和专业指导，令我受益匪浅。她的教诲也深深影响到我今后的研究之路，更加为我搭建了很好的学术平台和发展空间。

同时，我要感谢我的同事朋友们，天津财经大学的刘婷婷、卢政营、陆建明、刘欣等，他们都有很强的学术研究能力，深深影响我对学术研究的态度，并在研究方法和研究思路方面给予了我耐心的指导和帮助。

最后，我要感谢我的工作单位——天津财经大学人文学院外语系，感谢院系领导及办公室老师对我的支持、鼓励和帮助，更加要感谢我的家人对我的支持、关爱和理解。

在专著编写过程中，受编者理论水平和实践经验的局限，难免有不妥和错误之处，敬请广大读者不吝指正。

张秋英

2017 年 1 月 15 日

参考文献

[1] 夏大慰.产业经济学[M].上海:复旦大学出版社,1994:19-25.

[2] 刘满强.技术进步系统论[M].北京:社会科学文献出版社,1994:13-19.

[3] 丹尼斯·卡尔顿,杰佛里·佩罗夫.现代产业组织[M].上海:上海三联书店,1998:47-60.

[4] 金碚.产业组织学[M].北京:经济管理出版社,1999:17-21.

[5] 藏旭恒.产业经济学理论与问题研究[M].北京:经济管理出版社,2000:15-20.

[6] 于立.产业经济学理论与问题研究[M].北京:经济管理出版社,2000:18-27.

[7] 苏东水.产业经济学[M].北京:高等教育出版社,2000:20-29.

[8] 王俊豪等.现代产业组织理论与政策[M].北京:中国经济出版社,2000:16-28.

[9] 薛荣久.国际贸易[M].北京:对外经济贸易大学出版社,2003:20-29.

[10] 杨大楷.国际投资学[M].上海:上海财经大学出版社,2003:22-31.

[11] (美)列维.投资学[M].北京:北京大学出版社,2004:48-60.

[12] 薛荣久,刘东升.国际贸易竞争学——世界贸易新体制下的国际贸易竞争[M].北京:对外经济贸易大学出版社,2005:55-79.

[13] 胡曙光,刘毅.国际投资[M].北京:中国人民大学出版社,2005:15-27.

[14] 刘慧芳.国际贸易理论政策与事务[M].北京:中国经济出版社,2005:28-37.

[15] 陈栋生,王崇举,廖元和.区域协调发展论[M].经济科学出版社,2005:15-29.

[16] (美)马库森.跨国公司与国际贸易理论[M].上海:上海财经大学出版社,2005:22-38.

[17] 亨利·埃茨科威兹.三螺旋[M].北京:东方出版社,2005:57-82.
[18] 陈百助,晏维龙.国际贸易理论、政策与应用[M].北京:高等教育出版社,2006:27-40.
[19] 杜奇华.国际投资[M].北京:高等教育出版社,2006:26-35.
[20] 理查森·内尔森等.技术创新与经济绩效[M].上海:上海人民出版社,2006:50-76.
[21] 高歌等.国际经济合作[M].北京:中国商务出版社,2006:22-30.
[22] 卢进勇.国际经济合作[M].北京:对外贸易经济大学出版社,2006:12-19.
[23] 崔日明,闫国庆.国际经济合作[M].北京:机械工业出版社,2006:10-19.
[24] 湛柏明.国际经济合作[M].上海:复旦大学出版社,2007:25-34.
[25] 黄汉民.国际经济合作[M].上海:上海财经大学出版社,2007:28-30.
[26] 孙福全,陈宝明,王文岩等.主要发达国家的产学研合作创新——基本经验及启示[M].北京:经济管理出版社,2007:29-41.
[27] 陈岩.国际贸易理论与实务[M].北京:清华大学出版社,2007:48-61.
[28] 佟家栋,周申.国际贸易学:理论与政策[M].北京:高等教育出版社,2007:18-32.
[29] (美)希尔.国际贸易理论[M].北京:人民邮电出版社,2008:43-56.
[30] 陈湛匀.国际投资学[M].上海:复旦大学出版社,2008:19-28.
[31] 杨大楷.投融资学[M].上海:上海财经大学出版社,2008:18-31.
[32] 王云凤,杨云母.国际经济合作[M].北京:经济科学出版社,2008:18-31.
[33] 冯薇.产业集聚、循环经济与区域经济发展[M].北京:经济科学出版社,2008:13-26.
[34] 李丽青.企业R&D投入与税收政策研究[M].中国言实出版社,2008:20-30.
[35] 王淑英.产业集群演化与区域经济发展研究——“合作伙伴关系”的视角[M].北京:光明日报出版社,2009:21-30.
[36] 芮明杰,张琰.产业创新战略——基于网络状产业链内知识创新平台的研究[M].上海:上海财经大学出版社,2009:19-28.
[37] 郭波.国际贸易理论与政策[M].北京:中国社会科学出版社,2009:40-49.
[38] 章昌裕.国际投资学[M].东北财经大学出版社,2009:15-29.

[39] 郭波.国际投资:理论政策战略[M].北京:中国社会科学出版社,2009:20-39.
[40] 索尔尼克,麦克利维.国际投资[M].北京:中国人民大学出版社,2010:40-61.
[41] 袁晓玲.国际投资与融资[M].北京:科学出版社,2010:22-30.
[42] 齐欣.国际经济合作[M].上海:上海财经大学出版社,2010:16-32.
[43] 张素芳.国际贸易理论与实务[M].北京:对外经济贸易大学出版社,2010:19-28.
[44] 王力军,张莉娜.国际贸易理论[M].天津:天津大学出版社,2010:17-30.
[45] 尤盛东.国际贸易理论教程[M].北京:北京师范大学出版社,2011:36-57.
[46] 盛洪昌.国际贸易理论与实务[M].上海:上海财经大学出版社,2011:15-29.
[47] (美)克鲁格曼,奥伯斯法尔德.国际经济学:理论与政策[M].北京:中国人民大学出版社,2011:69-80.
[48] 丁志勇等.美国工业/大学合作研究中心(IUCRC)的形式和发展[J].中外科技政策与管理,1999(4):20-23.
[49] 马广奇.西方产业经济学的发展轨迹与思考[J].经济纵横,2000(10):17-21.
[50] 陈则孚.知识资本与风险投资[J].理论前沿.2001(3):9-11.
[51] 史晋川,沈国兵.论制度变迁理论与制度变迁方式划分标准[J].经济学家,2002(1):41-46.
[52] 金祥荣,朱希伟.专业化产业区的起源与演化——一个历史与理论视角的考察[J].经济研究,2002(8):13-19.
[53] 彭宜新,邹珊刚.创新系统研究方法述评[J].自然辩证法研究,2002(6):74-77.
[54] 左键民,张丽娟.产学研合作教育的比较研究[J].江苏高教,2002(5):33-36.
[55] 黄胜杰,张毅.我国产学研合作的组织模式及其网络特性探析[J].高等工程教育研究,2002(6):30-33.
[56] 袁智德,宣国良.技术创新激励的经济学和金融学逻辑[J].管理工程学报,2002(3):78-81.
[57] 吴林海.世界科技园区创新模式比较研究[J].中国科技论坛,2002(1):36-40.
[58] 刘希宋,杨栩.借鉴国外产学研经验促进我国产学研发展[J].北方经贸,2002(11):127-128.
[59] 曾雁.西部技术创新体系与产业创新发展[J].重庆师范大学学报:哲学社会科

学版,2003(4):57–61.

[60] 庄晋财.企业集群地域根植性的理论演进及其政策含义[J].财经问题研究,2003(10):31–36.

[61] 杨栩.我国产学研合作发展及问题研究[J].经济师,2003(3):17–18.

[62] 李丹,陈雅兰.浅析我国政府在推进产学研合作中的角色扮演[J].引进与咨询,2003(10):33–35.

[63] 谢旭人.中国产学研联合的现状与经验[J].中国科技论坛,2003(3):3–6.

[64] 卫志民.近70年来产业组织理论的演进[J].经济评论,2003(1):22–27.

[65] 朱廷珺.国际贸易与国际直接投资理论的融合轨迹[J].兰州商学院学报,2003(4):15–19.

[66] 张二震.国际贸易分工理论演变与发展述评[J].南京大学学报,2003(2):20–25.

[67] 胡婉丽,汤书昆,胡长颂.合作创新三阶段博弈模型——合作程度对RJV的影响分析[J].运筹与管理,2004(10):29–34.

[68] 韩振海,李国平.国家创新系统理论的演变评述[J].科学管理研究,2004(2):24–26.

[69] 邹德玲,谭晶,丛海彬.国际贸易与国际直接投资理论在比较优势下的融合分析[J].学术交流,2004(8):29–33.

[70] 赵达薇,姚克中.论我国加快加强产学研联合的战略意义[J].科技与管理,2004(2):47–49.

[71] 骆品亮,余林徽.我国产学研合作的制约因素及其政策研究[J].上海管理科学,2004(6):57–59.

[72] 李焱焱.产学研合作模式分类及其选择思路[J].科技进步与对策,2004(10):23–26.

[73] 杜群阳,朱勤.中国企业技术获取型海外直接投资理论与实践[J].国际贸易问题,2004(11):35–38.

[74] 刘力.走向“三重螺旋”:我国产学研合作的战略选择[J].北京大学教育评论,2004(10):44–48.

[75] 李世光.国际贸易、外国直接投资、技术进步和收入分配差距[J].国际贸易问

题,2004(6):24-27.

[76] 李文鹏,孙林杰,谢刚.借鉴国际经验透视我国政府在中小企业产学研中的作用[J].研究与发展管理,2005(8):67-71.

[77] 周梅妮.国际贸易理论的发展历程简述[J].甘肃农业,2005(6):20-23.

[78] 覃巍.对产业经济学学科建设过程中若干问题的探讨[J].广西大学学报,2005(12):17-20.

[79] 齐欣,赵勇.企业间的研发合作:依据、模型与绩效[J].国际经济合作,2005(7):27-31.

[80] 齐欣,赵勇.企业间的研发合作:依据、模型与绩效[J].国际经济合作,2005(7):25-30.

[81] 陈劲,桂彬旺.复杂产品系统模块化创新流程与管理策略[J].研究与发展管理,2006(6):40-45.

[82] 刘志迎,赵晓丹.产学研结合技术创新体系的复杂系统理论透视[J],科技与经济,2006(1):11-14.

[83] 罗焰.我国产学研合作的现状及发展思路[J].中国民营科技与经济,2006(11):24-27.

[84] 张俊,李忠云.我国产学研结合中的若干问题研究[J].理论月坛,2006(1):67-71.

[85] 韩树江.中国产学研合作教育发展研究[J].哈尔滨工业大学学报(社会科学版),2006(11):149-152.

[86] 李建民.技术扩散、技术垄断与中国科技战略转变[J].中国科技论坛,2006(2):18-22.

[87] 房裕,闫惠.国际贸易与国际直接投资理论融合的研究及述评[J].发展,2007(6):26-30.

[88] 施设.建立以企业为主体,市场为向、产学研相结合的技术创新体系[J].中国工程咨询,2007(5):58-59.

[89] 刘婷婷.创新、竞争与合并政策依据[J].河北经贸大学学报,2007(1):13-16.

[90] 李明秀.区域经济合作:中国的选择与展望[J].WTO经济导刊,2007(1):35-38.

[91] 程瑜.产业经济学:西方的发展与我国的借鉴[J].经济师,2007(4):11-15.

[92] 文绪.企业技术创新体系研究的理性思考[J].经济研究导刊,2007(8):37-39.
[93] 李丹.我国国家技术创新体系现存问题及对策分析[J].科技管理研究,2007(5):1-3.
[94] 赵发谦,左柏云.外商直接投资对中国技术创新体系的影响分析[J].北方经济,2007(3):75-76.
[95] 曹杨.新制度主义的转轨经济学研究[J].理论前沿,2007(2):47-48.
[96] 郭成.产业经济学理论的起源与发展[J].科技经济市场,2007(3):12-15.
[97] 翟瑞升,杨紫薇.我国产学研合作发展理论初探[J].华商,2007(10):25-26.
[98] 赵发谦,左柏云.外商直接投资对中国技术创新体系的影响分析[J].北方经济,2007(3):75-76.
[99] 吴华清,梁樑,古继宝.基于关系契约的长期研发合作机制研究[J].科学学研究,2007(1):141-146.
[100] 刘春丽.我国高校产学研合作模式探究[J].当代教育论坛,2008(5):112-113.
[101] 姜楠男,王磊.新制度学派与新制度主义经济学的比较与评析[J].经济师,2008(1):25-26.
[102] 蔡声霞,张芳,张伟.创新型国家产学研合作比较及对我国的启示[J].未来与发展,2008(6):60-64.
[103] 董静,苟燕楠,吴晓薇.我国产学研合作创新中的知识产权障碍——基于企业视角的实证研究[J].科学学与科学技术管理,2008(7):20-25.
[104] 王飞,王秀丽,刘文婷.我国产学研合作研究追溯及简评[J].产业与科技论坛,2008(7):148-150.
[105] 谢科范,陈云,董芹芹.我国产学研结合传统模式与现代模式分析[J].科学管理研究,2008(2):38-41.
[106] 吴平.我国高校产学研合作教育模式探析[J].高校教育管理,2008(5):64-67.
[107] 张克英,郭伟,李研.合作创新中信用缺失引发的知识产权风险研究[J].科研管理,2008(11):31-36.
[108] 任秀奎,祝士明.天津滨海新区建立研发转化基地的模式研究[J].天津科技,2008(10):29-35.

[109] 赵宏,马涛.滨海新区研发与转化基地建设的实证研究[J].科学学与科学技术管理,2008(9):33-37.

[110] 高瑞平.关于我国产学研结合的现状与思考[J].中国科学基金,2008(9):21-24.

[111] 孙福全.加强产学研结合—促进我国技术创新体系建设[J].中国发展观察,2008(10):17-21.

[112] 张义芳,翟立新.产学研研发联盟:国际经验及我国对策[J].科研管理,2008(5):42-48.

[113] 蔡兵.产学研结合:基本模式与我国的创新[J].理论研究,2008(4):3-5.

[114] 张永安,张盟.我国产学研结合的创新模式[J].中国高校科技与产业化,2008(7):28-31.

[116] 孙福全.加强产学研结合—促进我国技术创新体系建设[J].中国发展观察,2008(10):12-14.

[117] 张俊,李昭畅,廉靖.论我国产学研结合的主体法律规制[J].经济师,2008(3):63-64.

[119] 吴承春,秦长平,胡紫玲.新时期我国产学研工作的现状、趋势和发展思路[J].科技管理研究,2008(11):122-124.

[120] 王锦生.我国产学研法律制度现状思考[J].科技与创新,2009(1):27-29.

[121] 吴绍波,顾新,刘敦虎.我国产学研合作模式的选择[J].科技管理研究,2009(5):90-92.

[122] 陈艳艳.我国产学研合作应加强政府信用监管[J].技术经济与管理研究,2009(2):103-104.

[123] 答征.从实践角度看我国产学研合作[J].广东轻工职业技术学院学报,2009(3):59-61.

[124] 刘婷婷.研究型合资企业的国际发展路径及其政策启示[J].商业研究,2009(9):92-95.

[125] 齐欣,张秋英,张建东.滨海新区研发转化基地发展的定位与政策体系研究[J].

天津市社会科学界第五届学术年会优秀论文集,2009(8):157-161.

[126] 朱秀灵,戴清源,季长路.影响我国产学研合作的主要因素及其对策[J].中国电力教育,2009(2):18-19.

[127] 朱艳丽.比较优势理论与国家竞争优势的对比分析[J].产业与科技论坛,2009(7):28-32.

[128] 秦文婷.研究合作组织与技术联盟理论研究的对比分析[J].科技管理研究,2009(9):13-17.

[129] 石晓天,李晓峰.我国产学研结合的政策研究[J].理工高教研究,2009(4):19-23.

[130] 李维桢,王锦生.我国产学研法律制度现状思考[J].科技成果纵横,2009(2):23-26.

[131] 刘婷婷.研究型合资企业在滨海新区发展战略研究——基于投融资路径多样化的视角[J].东南学术,2009(7):24-29.

[132] 任秀奎,祝士明.我国研发转化体系构建模式研究[J].科学学与科学技术管理,2009(1):37-41.

[133] 余桂玲.滨海新区研发转化基地建设若干建议[J].环渤海经济瞭望,2009(4):9-12.

[134] 陈桂生,苏文卿.现状及其超越:天津滨海新区发展模式的文献述评[J].环渤海经济瞭望,2009(7):15-19.

[135] 莫琦.基于要素创新的区域核心能力构建研究[J].改革与战略,2009(5):15-20.

[136] 鄢波,杜军.推动我国产学研良性结合的驱动力[J].现代企业,2009(2):21-22.

[137] 张秋英.天津滨海新区在改革开放和自主创新中促进研发转化作用研究:一个RJVs根植性发展的视角[J].中国管理科学,2010(12):171-176.

[138] 刘秉镰,余泳泽."技术势能"假说与FDI技术外溢分解——来自我国高技术产业的实证研究[J].2010年中国产业组织前沿论坛会议文集,2010(7):39-44.

[139] 余泳泽,武鹏.FDI、技术势能与技术外溢——来自我国高技术产业的实证研究[J].金融研究,2010(11):23-26.

[140] 时临云,张宏武,侯晓飞,等.中国和日本产学研一体化机制和政策的比较研究[J].科学经济社会,2010(12):31-35.

[141] 齐欣,陆建明.京津区域研发活动的分工问题浅探[J].现代财经,2011(2):29-33.
[142] 卢莉莉,朱杰飞.国外产业经济学理论的演进[J].中国集体经济,2011(11):28-32.
[143] 卢莉莉,朱杰飞.国外产业经济学理论的演进[J].中国集体经济,2011(11):20-24.
[144] 张秋英.RJVs产业根植性研究综述[J].税务与经济,2012(1):41-45.
[145] 齐欣,张秋英.测度RJV绩效的理论模型构建及检验——基于合作网络嵌合度和技术创新的视角[J].经济问题,2012(1):54-57.
[146] 顾海.高新技术产业化论[D].南京:南京农业大学,2000:37-58.
[147] 罗炜.企业合作创新理论研究[D].上海:上海交通大学,2001:82-105.
[148] 匡致远.高技术产业国际竞争力研究——主要因素和产业集群[D].暨南大学,2001:39-52.
[149] 范世涛.技术创新的制度分析[D].南京:南京农业大学,2001:45-68.
[150] 范世涛.技术创新的制度分析[D].南京:南京农业大学,2001:55-67.
[151] 王雪苓.当代技术创新的经济分析[D].成都:西南财经大学,2002:49-60.
[152] 王安宇.合作研发组织模式选择与治理机制研究——兼论我国松散性企业集团研发体系重构[D].上海:复旦大学,2002:77-90.
[153] 唐中赋.高新技术产业发展的评论研究[D].天津:天津大学,2003:42-57.
[154] 孙伟.基于产业群的技术创新研究[D].哈尔滨:哈尔滨工程大学,2003:77-90.
[155] 周鹏.技术创新与企业间网络研究[D].南昌:江西财经大学,2004:87-102.
[156] 陈俊.高新技术产业的发展:高新区、产业集群、制度安排[D].咸阳:西北农林科技大学,2004:55-68.
[157] 周兵.基于产业集群的区域经济增长研究[D].重庆:重庆大学,2004:39-52.
[158] 杨德峰.技术创新范式演进及企业技术创新战略选择[D].北京:北京化工大学,2004:51-66.
[159] 唐伟.产业集群论[D].成都:四川大学,2004:89-102.
[160] 汪朝阳.产业集群与区域竞争优势互动研究[D].武汉:武汉理工大学,2004:29-41.
[161] 梁宏.产业集群技术创新能力构建及其治理研究[D].武汉:华中科技大学,2004:64-76.

[162] 吕贤俊.中国FDI不同来源体相关因素分析[D].北京:清华大学,2004:67-80.
[163] 于树江.集群式产业创新研究[D].大连:大连理工大学,2004:81-100.
[164] 辛爱芳.我国产学研合作模式与政策设计研究[D].南京:南京工业大学,2004:47-58.
[165] 张丹华.技术创新战略的理性思考与模式选择[D].上海:华东师范大学,2005:44-58.
[166] 柳明.我国技术创新问题分析及对策研究[D].广州:暨南大学,2005:61-80.
[167] 王雷.产业集群与区域经济发展[D].成都:四川大学,2005:47-58.
[168] 胡婉丽.合作创新中的知识转移:理论与实证研究[D].合肥:中国科学技术大学,2005:43-57.
[169] 金涛.高技术产业集聚发展带动经济增长的作用机制研究[D].武汉:武汉理工大学,2005:44-69.
[170] 孟浩.产业集群形成机理研究[D].南昌:江西财经大学,2005:71-88.
[171] 林竞君.网络、嵌入性与集群生命周期研究——一个新经济社会学的视角[D].上海:复旦大学,2005:91-118.
[172] 徐辉.科技成果转化机制及对经济增长的效应研究[D].南京:河海大学,2005:35-56.
[173] 万金荣.中国科技成果产业化问题研究[D].哈尔滨:东北林业大学,2006:59-78.
[174] 夏雪莲.策略性研发与创新[D].济南:山东大学,2006:30-38.
[175] 郭晓林.产业共性技术创新体系及共享机制研究[D].武汉:华中科技大学,2006:44-49.
[176] 郭晓林.产业共性技术创新体系及共享研究机制[D].武汉:华中科技大学,2006:48-61.
[177] 胡永亮.分工、产业集聚与区域经济增长研究[D].西安:西北大学,2006:77-82.
[178] 靳辉.高新技术产业集聚:理论研究与应用分析[D].西安:西北大学,2006:91-110.
[179] 文赞.高技术企业技术创新战略选择研究[D].成都:四川大学,2006:39-50.
[180] 杨润.企业集群的生成及其技术创新能力培养研究[D].西安:西北大

学,2006:81-104.
[181] 徐雨森.企业研发联盟三维协同机制研究[D].大连:大连理工大学,2006:57-72.
[182] 赵勇.国际技术转移对研发的效应分析[D].天津:天津财经大学,2006:22-38.
[183] 刘鑫.我国自主创新与产学研[D].上海:上海社会科学院,2006:56-68.
[184] 惠宁.产业集群的区域经济效应研究[D].西安:西北大学,2006:35-52.
[185] 彭文清.企业技术创新风险综合评价与对策研究[D].南京:南京航空航天大学,2007:49-56.
[186] 杨艳军.国防科技成果转化风险投资契约研究[D].长沙:国防科学技术大学,2007:35-46.
[187] 王辉坡.科技成果转化的知识管理及对策研究[D].哈尔滨:哈尔滨工程大学,2007:33-40.
[188] 雷小毓.产业集群的成长和演化机理研究[D].西安:西北大学,2007:39-54.
[189] 杨笑.复杂产品系统模块化制造模式及其影响因素研究[D].北京:对外经济贸易大学,2007:29-34.
[190] 应茵.高校科技成果转化的组织形式研究[D].上海:上海交通大学,2007:25-33.
[191] 闫科.资源视角下的大学技术成果衍生途径研究[D].武汉:华中科技大学,2007:27-39.
[192] 魏诗洋.产学研合作中知识管理对企业创新绩效的影响分析[D].杭州:浙江大学,2007:20-29.
[193] 王燕.区域经济发展的自主创新理论研究[D].长春:东北师范大学,2007:29-36.
[194] 周万生.人力资本与区域创新能力研究[D].成都:四川大学,2007:35-40.
[195] 胡凯.区域创新体系中企业主体地位研究[D].南昌:南昌大学,2007:33-50.
[196] 成玉飞.我国高校科技成果转化过程及评价研究[D].天津:河北工业大学,2008:39-50.
[197] 王晓娟.高校科技成果转化中介的运行机制研究[D].西安:长安大学,2008:23-32.
[198] 赖馨正.产学研技术创新战略联盟模式及运行研究[D].长沙:中南大学,2008:71-90.

[199] 朱海燕.基于知识型服务机构嵌入视角的产业集群升级机制研究[D].杭州:浙江大学,2008:101-110.

[200] 牟仁艳.产品—产业—区域创新的路径模式研究[D].武汉:武汉理工大学,2008:69-78.

[201] 陈祖功.基于科技中介服务的成果转化评价研究——以江苏为例[D].镇江:江苏大学,2008:63-81.

[202] 朱绿乐.企业技术寻求型FDI的实现机理及其影响因素研究[D].长沙:中南大学,2008:25-32.

[203] 于冬.企业合作创新绩效影响因素分析[D].大连:大连理工大学,2008:91-113.

[204] 张琰.模块化分工条件下网络状产业链中知识创新研究[D].上海:复旦大学,2008:44-58.

[205] 杨艳冰.基于博弈论的集装箱港口竞争均衡分析及宏观调控方法研究[D].大连:大连海事大学,2008:93-109.

[206] 许超.基于产业集群的东北跨行政区域创新系统研究[D].长春:吉林大学,2008.

[207] 韩瑞国.企业技术创新风险管理研究[D].昆明:昆明理工大学,2008:61-70.

[208] 区毅勇.产业集群中的技术扩散研究——基于珠江三角洲的实证分析[D].广州:华南理工大学,2009:34-39.

[209] 白洁.我国对外直接投资的技术进步效应研究[D].武汉:华中科技大学,2009:35-40.

[210] 李宝综.跨国公司研发组织与研究型合作组织比较研究[D].天津:天津财经大学,2009:30-39.

[211] 冯美迎.对外直接投资的母国经济效应研究[D].沈阳:沈阳工业大学,2009:57-70.

[212] 朱杰.中国对外直接投资与出口贸易关系研究[D].沈阳:沈阳工业大学,2009:78-90.

[213] 刘婷婷.国家能力视角下的研究型合资企业(RJV)发展研究[D].天津:南开大学,2010:27-46.

[214] 付含.FDI对中国R&D溢出效应的面板数据研究[D].上海:华东师范大

学,2010:21-30.

[215] 王菲.企业技术寻求型FDI进入模式选择研究[D].长沙:中南大学,2010:30-41.

[216] 池勇海.共同利益论[D].上海:复旦大学,2010:59-68.

[217] 刘新朋.创业板企业创新能力与成长性关系的实证分析[D].济南:山东大学,2011:37-56.

[218] 周朋程.技术获取型FDI中的技术获取渠道研究[D].上海:华东师范大学,2011:34-39.

[219] Dasgupta P. The Theory of Technological Competition [M]. Economic Organizations as Games, Blackwell, Oxford, 1986:40-55.

[220] Waverman, L, W.S. Comanor, A. Goto. Competition Policy in the Global Economy, Routledge Studies in the Modern World Economy [M]. Routledge, London, 1994: 39-50.

[221] Bartlett, Christopher A.,Sumantra Ghoshal. Transnational Management (Second Edition) [M]. Chicago, IL: Irwin, 1995:79-105.

[222] Parkhe, Arvind, International Joint Ventures [M]. International Management Research. Cambridge, MA: Blackwell, 1996:115-148.

[223] Roller, L-H, M. Tombak, RR. Siebert. Why Firms Form Research Joint Ventures: Theory and Evidence[M]. Blackwell, Oxford, 1997:41-63.

[224] D' Aspremont, C., S. Bhattacharya, Gerard Varet. Bargaining and Sharing Innovative Knowledge [M]. Blackwell, Oxford, 1998: 51-78.

[225] Martin, S. Product Market Competition Policy and Technological Performance [M]. Journal Compilation Blackwell Publishing Ltd., 1998:52-79.

[226] Henry R. Hertzfeld, Albert N. Link, Nicholas S. Vonortas. Intellectual Property Protection Mechanisms and Research Partnerships [M]. Routledge, London, 2001: 49-60.

[227] Kolodko, Grzegorz W. Postcommunist Transition and Post-Washington Consensus: The Lessons for Policy Reforms [M]. MIT Press, 2001:58-77.

[228] Erratum, Shiou Shieh, Pei-Ling Chen, Ho-Chyuan Chen. Strategic debt and RJV

competition [M]. Journal Compilation Blackwell Publishing Ltd., 2007: 33–59.

[229] Glenn C. Loury. Market Structure and Innovation [J]. The Quarterly Journal of Economics, 1979(3):395–410.

[230] Tom Lee, Louis L. Wilde. Market Structure and Innovation: A Reformulation [J]. The Quarterly Journal of Economics, 1980(2):429–436.

[231] Spence, M. Cost Reduction, Competition and Industry Performance [J]. Econometrica, 1984(52):101 – 121.

[232] Carl Shapiro. Patent Licensing and R & D Rivalry [J]. The American Economic Review,1985(2):25–30.

[233] Janusz A. Ordover; Robert D. Willig. Antitrust for High–Technology Industries: Assessing Research Joint Ventures and Mergers [J]. Journal of Law and Economics, 1985(28): 311–333.

[234] Gene M. Grossman, Carl Shapiro. Research Joint Ventures: An Antitrust Analysis [J]. Journal of Law, Economics, & Organization, 1986(2): 315–337.

[235] Claude D' Aspremont, Alexis Jacquemin. Cooperative and Noncooperative R & D in Duopoly with Spillovers [J]. The American Economic Review, 1988(5):1133–1137.

[236] Eric Maskin, Jean Tirole .A Theory of Dynamic Oligopoly, I: Overview and Quantity Competition with Large Fixed Costs [J]. Econometrics, 1988(3):549–569.

[237] Kinked Demand Curves, Edgeworth Cycles, Eric Maskin, Jean Tirole. A Theory of Dynamic Oligopoly, II: Price Competition [J]. Econometrics, 1988(3):571–599.

[238] John Beath., Yannis Katsoulacos, David Ulph. Strategic R&D Policy [J]. The Economic Journal, 1989(99):74–83.

[239] Deepak K. Sinha, Michael A. Cusumano. Complementary Resources and Cooperative Research: A Model of Research Joint Ventures among Competitors [J]. Management Science, 1991(9):1091–1106.

[240] Kogut, B., Chang, S. J..Technological Capabilities and Janpanese Foreign Direct Investment in the United States [J]. Review of Economics and Statistics, 1991(3):

401–413.

[241] Kamien, M., E. Muller, I. Zang. Cooperative Joint Ventures and R&D Cartels [J]. American Economic Review, 1992(82):27–41.

[242] Suzumura, K.. Cooperative and Non–Cooperative R&D in A Duopoly with Spillovers [J]. American Economic Review, 1992(82):53–67.

[243] Morton I. Kamien, Eitan Muller, Israel Zang. Research Joint Ventures and R&D Cartels [J]. The American Economic Review, 1992(5):1293–1306.

[244] Stephen Martin. Private and Social Incentives to Form R & D Joint Ventures [J]. Review of Industrial Organization, 1994(9): 155–171.

[245] R. David Simpson, Nicholas S. Vonortas. Cournot Equilibrium with Imperfectly Appropriable R&D [J]. The Journal of Industrial Economics, 1994(42):79–92.

[246] Kanter, Rosabeth M. Collaborative Advantage: The Art of Alliances [J]. Harvard Business Review, 1994 (72):65–92.

[247] Poyago – Theotoky J.A. Equilibrium and Optimal Size of A Research Joint Venture in an Oligopoly with Spillovers [J]. Journal of Industrial Economics, 1995(2):33–51.

[248] Bronwyn H. Hall, Jacques Mairesse. Exploring the Relationship Between R&D and Productivity in French Manufacturing Firms [J]. National Bureau of Economic Research, Inc. ,1995(6) :49–67.

[249] Massimo Motta. Research Joint Ventures in An International Economy [J]. Ricerche Economiche, 1996(50):293 – 315.

[250] William Baldwin. The U. S. Research University and the Joint Venture: Evolution of An Institution [J]. Review of Industrial Organization,1996(11): 629–653.

[251] Sumit Joshi, Nicholas S. Vonortas. Two–Stage R&D Competition: An Elasticity Characterization [J]. Southern Economic Journal, 1996(62):930–953.

[252] Albert N. Link. Research Joint Ventures: Patterns from Federal Register Filings [J]. Review of Industrial Organization, 1996(11): 617–628.

[253] Ralph Siebert. The Impact of Research Joint Ventures on Firm Performance: An Empirical Assessment [J]. ISSN Nr. 0722 – 6748, 1996(8).

[254] Nicholas S. Vonortas. Research Joint Ventures in the US [J]. Research Policy, 1997(26):577–595.

[255] Andrew Brod, Ram Shivakumar. R&D Cooperation and the Joint Exploitation of R&D [J]. The Canadian Journal of Economics, 1997(3): 673–689.

[256] De Bondt, R., C. Wu. Research Joint Ventures and Welfare [J]. Competition, Cooperation, Research and Development, 1997(5):39–51.

[257] Wolfgang Gick. On Incentives in Technology Policymaking: What the EU Can Learn from U.S. Developments [J]. Working Paper, 1997(12).

[258] Lars–Hendrik Röller, Mihkel M. Tombak, Ralph Siebert. Why Firms Form Research Joint Ventures: Theory and Evidence [J]. Discussion Paper, 1997(10).

[259] Lee Branstetter, Mariko Sakakibara. Japanese Research Consortia: A Microeconometric Analysis of Industrial Policy [J]. The Journal of Industrial Economics,1998(46):207–233.

[260] John Beath, Joanna Poyago–Theotoky, David Ulph. Organization Design and Information–sharing in A Research Joint Venture with Spillovers [J]. Bulletin of Economic,1998(50):3307–3378.

[261] Stephen W. Salant, Greg Shaffer. Optimal Asymmetric Strategies in Research Joint Ventures [J]. International Journal of Industrial Organization, 1998(16):195–208.

[262] Yannis Katsoulacos, David Ulph. Endogenous Spillovers and the Performance of Research Joint Ventures [J]. The Journal of Industrial Economics, 1998(3): 333–357.

[263] Beath, J., Poyago–Theotoky, J, D. Ulph. Organization Design and Information–Sharing in A Research Joint Venture with Spillovers [J]. Bulletin of Economic Research,1998(50):33–52.

[264] Katsoulacos, Y., Ulph, D..Endogenous Spillovers and the Performance of Research Joint Ventures [J]. Journal of Industrial Economics, 1998(46):51–62.

[265] Klette, T.J., J. Moen, Z. Griliches. Evaluating the Effects of Government Sponsored Commercial R&D [J]. Microeconometric studies, 1998(12):20–29.

[266] D' Aspremont, C., A. Jacquemin. Cooperative and Non-cooperative R&D in a Duopoly with Spillovers [J]. American Economic Review, 1998(78):101-136.

[267] Branstetter, L., Sakakibara, M.. Japanese Research Consortia: A Microeconometric Analysis of Industrial Policy [J]. Journal of Industrial Economics,1998(46): 207 - 233.

[268] Beath, J., D. Ulph. Sharing Information in Joint Ventures and the Organization of R&D [J]. Working Paper, 1999(12).

[269] Patrick Greenlee, Bruno Cassiman. Product Market Objectives and the Formation of Research Joint Ventures [J]. Managerial and Decision Economics, 1999(20): 115-130.

[270] David Ulph. Competition, Innovation and Research Joint Ventures [J]. Working Paper, 1999(5).

[271] Rabah Ami. One-Way Spillovers, Endogenous Innovator/Imitator Roles, and Research Joint Ventures [J]. Games and Economic Behavior, 2000(31):1-25.

[272] Nicholas S. Vonortas, J Evol Econ. Multimarket Contact and Inter-firm Cooperation in R&D [J], Econ. Innov. New Techn., 2000(10): 243-271.

[273] Morton I. Kamien, Israel Zang. Meet Me Halfway: Research Joint Ventures and Absorptive Capacity [J]. International Journal of Industrial Organization, 2000(18): 995 - 1012.

[274] Lucia Cusmano. Technology Policy and Co-operative R&D: The Role of Relational Research Capacity [J]. Conference on Industrial Dynamics Hillerd, 2000(1):93-118.

[275] J. Jude Kline. Research Joint Ventures and the Cost Paradox [J]. International Journal of Industrial Organization, 2000(18):1049 - 1065.

[276] Bruno Cassiman. Research Joint Ventures and Optimal R&D Policy with Asymmetric Information [J]. International Journal of Industrial Organization, 2000(18):283 - 314.

[277] Jon Vilasuso, Mark R. Frascatore. Public Policy and R&D When Research Joint

Ventures Are Costly [J]. The Canadian Journal of Economics, 2000(3): 818–839.

[278] Yannis Caloghirou, Stavros Ioannides, Nicholas S. Vonortas. RJVs [J]. Journal of Economic Surveys, 2000(4):29–46.

[279] Giorgio Barba Navaretti, Patrizia Bussoli, Georg von Graevenitz, David Ulph. Information Sharing, Research Co-ordination and Membership of Research Joint Ventures [J]. 2000(11):33–65.

[280] Atallah. Vertical R&D Spillovers, Cooperation, Market Structure, and Innovation [J]. ISSN 0709-9231,2000(11).

[281] Eero Lehto. Pooling of Risky Assets and the Intensity of Cooperation in R&D [J]. Working Paper, 2000(6).

[282] Lus M.B. Cabral. R&D Cooperation and Product Market Competition [J]. International Journal of Industrial Organization, 2000(18):1033 – 1047.

[283] Lucia Cusmano. Technology Policy and Co-operative R&D: the Role of Relational Research Capacity [J]. DRUID Winter Conference on Industrial Dynamics Hillerd, 2000(1):39–51.

[284] Kamien Morton I , Zang Israel. Meet Me Halfway: Research Joint Ventures and Absorptive Capacity [J]. International Journal of Industrial Organization, 2000 (18):89–101.

[285] Henry Etzkowitz, Loet Leydesdorff. The Dynamics of Innovation: From National Systems and "Model II" to A Triple University-Industry-Governmental Relation [J]. Research Policy,2000(29):33–50.

[286] Giovanna M. Cinelli. Biotechnological Research and Development: The Joint Venture As A Viable Corporate Entity in A High Risk Industy [J]. Working Paper, 2001(8).

[287] Sumit Joshi, Nicholas S. Vonortas. Convergence to Symmetry in Dynamic Strategic Models of R&D: The Undiscounted Case [J]. Journal of Economic Dynamics & Control, 2001(25):1881–1897.

[288] M. Dumont, A. Tsakanikas. Knowledge Spillovers Through R&D Networking [J].

CESIT Discussion Paper No. 2001/02, 2001(4).

[289] Albert N. Link. Public/Private Partnerships: Stimulating Competition in ADynamic Market [J]. Forthcoming International Journal of Industrial Organization, 2001(3):113–139.

[290] Bruno van Pottelsberghe, Potterie, Frank Lichtenberg. Does Foreign Direct Investment Transfer Technology Across Borders? [J]. The Review of Economics and Statistics, 2001(3): 490–497.

[291] Georg von Graevenitz.The Complementarity of RJVs and Subsidies when Absorptive Capacity Matters[J]. Working Paper, 2001(6).

[292] Samiran Banerjee, Ping Lin.Vertical Research Joint Ventures[J].International Journal of Industrial Organization, 2001(19):285 – 302.

[293] Sumit Joshi, Nicholas S. Vonortas. Convergence to Symmetry in Dynamic Strategic Models of R&D: The Undiscounted Case [J]. Journal of Economic Dynamics & Control, 2001(25):1881–1897.

[294] Kolodko, Grzegorz W., Postcommunist Transition and Post–Washington Consensus: The Lessons for Policy Reforms [J]. Mario I. Blejer and Marko Skreb eds. Transition: The First Decades, Cambridge, MA: MIT Press 2001(3):103–139.

[295] Luigi Benfratello, Alessandro Sembenelli. Research Joint Ventures and Firm Level Performance [J]. Research Policy, 2002(31): 493 – 507.

[296] Professor Carl Shapiro. Competition and Innovation [J]. STI Working Papers, 2002(5).

[297] Leo A. Gr ü nfeld. Multinationals Searching for R&D Spillovers: A Survey of the Literature [J]. 2002(8):43–60.

[298] Kaz Miyagiwa, Yuka Ohno. Uncertainty, Spillovers, and Cooperative R&D [J]. International Journal of Industrial Organization, 2002(20):855 – 876.

[299] Luca Lambertini, Sougata Poddar, Dan Sasaki. Research Joint Ventures, Product Differentiation, and Price Collusion [J]. International Journal of Industrial Organization, 2002(20):829 – 854.

[300] Mite Pastor, Joel Sandonis. Research Joint Ventures vs. Cross Licensing Agreements: An Agency Approach [J]. International Journal of Industrial Organization, 2002(20):215 - 249.

[301] Luigi Benfratello, Alessandro Sembenelli. Research Joint Ventures and Firm Level Performance [J]. Research Policy, 2002(31): 493 - 507.

[302] John A. Aloysius. Research Joint Ventures: A Cooperative Game for Competitors [J]. European Journal of Operational Research, 2002 (136):591–602.

[303] Lee G. Branstetter, Mariko Sakakibara. When Do Research Consortia Work Well and Why? Evidence from Japanese Panel Data [J]. The American Economic Review, 2002(92):143–159.

[304] Aija Leiponen. The Choice of Organizational Form for Collaborative Innovation [J]. Working Paper, 2003(24).

[305] Bernard Franck, Robert F. Owen. Fundamental R&D Spillovers and the Internationalization of a Firm' s Research Activities [J]. Working Paper, 2003(2).

[306] Damiano Bruno Silipo. The Economics of Cooperation and Competition in R&D: A Survey [J]. Working Paper, 2003(12).

[307] Andreas Panagopoulos. Understanding when Universities and Firms form RJVs: The Importance of Intellectual Property Protection [J]. International Journal of Industrial Organization, 2003(21):1411 - 1433.

[308] Yannis Cologhirou, George Hondroyiannis, Nicholas S. Vonortas. The Performance of Research Partnerships [J]. Managerial and Decision Economics, 2003(24):72–93.

[309] Luca Lambertini, Sougata Poddar, Dan Sasaki, Rev– Econ. RJVs in Product Innovation and Cartel Stability [J]. Design, 2003(7): 463–477.

[310] Isabel Busom, Andrea Fern á ndez–Ribas. Firm Strategies in R&D: Cooperation and Participation in R&D Programs [J]. Working Paper, 2004(5).

[311] Magnus Karlsson. Commercialization of Research Results in the United States An Overview of Federal and Academic [J]. Technology Transfer, 2004(1):29–40.

[312] Tatiana Alonso, Pedro L. Marin. Research Joint Ventures: The Role of Public Research Institutes [J]. Investigaciones Economicas, 2004(2):213–231.

[313] Manasakis, Emmanuel Petrakis. Union Structure and Firms' Incentives for Cooperative R&D Investments [J]. Working Paper, 2004(10) .

[314] John Beath. Sharing Information in Joint Ventures and the Organization of R&D [J]. JEL Classification, 2004(3):40–59.

[315] Lars–Hendrik, R ¨ oller, Ralph Siebert, Mihkel M. Tombak. RJVs and Firm Heterogeneities [J]. Working Paper, 2004(2).

[316] Yannis Caloghirou, Stavros Ioannides, Nicholas S. Vonortas. European Collaboration in Research and Development: Business Strategy and Public Policy [J]. Working paper, 2004(7):89–113.

[317] Yannis Caloghirou, Stavros Ioannides, Nicholas S. Vonortas. European Collaboration in Research and Development: Business Strategy and Public Policy [J]. Working paper, 2004 (7): 206–221.

[318] Reus, T. H., & Ritchie, W. J., Ii. Interpartner, Parent, and Environmental Factors Influencing the Operation of International Joint Ventures: 15 Years of Research [J]. Management International Review, 2004 (44):201–230.

[319] Yang–Ming Chang Hung–Yi Chen. Cross–Licensing, R&D Spillovers, and Welfare [J]. Information and Management Sciences, 2005(3): 37–56.

[320] Simona Fabrizi, Steffen Lippert. Moral Hazard and the Internal Organization of Joint Research [J]. Working Paper No. 2003–10,2005(1).

[321] Elena Revilla, Joseph Sarkis, Juan Acosta. Towards A Knowledge Management and Learning Taxonomy for Research Joint Ventures [J]. Technovation, 2005(25):1307 – 1321.

[322] Dermot Leahy, J. Peter Neary. Symmetric Research Joint Ventures: Cooperative Substitutes and CComplements [J]. International Journal of Industrial Organization, 2005(23):381 – 397.

[323] Albert N. Link, David Paton, Donald S. Siegel. An Econometric Analysis of Trends

in Research Joint Venture Activity [J]. Managerial and Decision Economics Manage, 2005(26): 149 - 158.

[324] Damiano Bruno Silipo, Avi Weiss. Cooperation and Competition in An R&D Market with Spillovers [J]. Research in Economics, 2005(59):41 - 57.

[325] Christopher M. Snyder, Nicholas S. Vonortas. Multiproject Contact in Research Joint Ventures: Evidence and Theory [J]. Journal of Economic Behavior & Organization, 2005(58): 459 - 486.

[326] Lars-Hendrik R ¨ oller, Ralph Siebert, Mihkel M. Tombak.Why Firms Form (or don' t form) RJVs [J]. Working Paper, 2005(12).

[327] Elena Revilla, Juan Acosta, Joseph Sarkis. Value Perceptions and Performance of Research Joint Ventures: An Organizational Learning Perspective [J]. Journal of High Technology Management Research, 2005(16):157 - 172.

[328] Albert N. Link, John T. Scott. Universities As Partners in U.S. Research Joint Ventures [J]. Research Policy, 2005(34):385 - 410.

[329] Kathryn L. Combs. The Welfare Effects of Research and Production Joint Ventures [J]. Journal of Technology Transfer, 2005(30):227 - 239.

[330] Reuer, J. J., Tong, T. W. Real Options in International Joint Venture [J]. Journal of Management, 2005 (31):132-152.

[331] Loet Leydesdorff. The Triple Helix Model and the Study of Knowledge-Based Innovation Systems [J]. Int. Journal of Contemporary Sociology, 2005(1):49-68.

[332] Rene Belderbos, Martin Carree, Boris Lokshin. Complementarity in R&D Cooperation, Strategies [J]. Review of Industrial Organization, 2006(28):401 - 426.

[333] Eliane P. Catilina, Robert M. Feinberg. Market Power and Incentives to Form Research Consortia [J]. Review of Industrial Organization, 2006(28):129 - 144.

[334] Sami Dakhlia, Flavio M. Menezes, Akram Temimi. The Role of R&D Technology in Asymmetric Research Joint Ventures [J]. The Manchester School ,2006(74): 52 - 63.

[335] Phillip H. Phan, Donald S. Siegel. The Effectiveness of University Technology

Transfer: Lessons Learned from Quantitative and Qualitative Research in the U.S. and the U.K [J]. Working Papers in Economics Number 0609, 2006(4).

[336] Amal Atallah. Research Joint Ventures with Asymmetric Spillovers and Symmetric Contributions [J]. Innov. New Techn., 2007(7):559 - 586.

[337] M. Pilar Socorro. Optimal Technology Policy Under Ssymmetric Information in A Research Joint Venture [J]. Journal of Economic Behavior & Organization, 2007(62):76 - 97.

[338] Klaus Gugler, Ralph Siebert. Market Power Versus Efficiency Effects of Mergers and Research Joint Ventures: Evidence from the Demiconductor Industry [J]. The Review of Economics and Statistics, 2007, (4): 645 - 659.

[339] Constantine Manasaki, Vasileios Zikos. Unions' and Firms' Attitudes Towards Research Joint Ventures: When Will the Incentives Be Aligned? [J]. Labor, 2007(21):135 - 156.

[340] Jorge Navas, Peter M. Kort.Time to Complete and Research Joint Ventures: A Differential Game Approach [J]. Journal of Economic Dynamics & Control, 2007(31):1672 - 1696.

[341] Julie Decoucy. Research Joint Ventures and International Competitiveness: Evidence from the National Cooperative Research act [J]. Econ. Innov. New Techn., 2007 (1):51 - 65.

[342] Tomaso Duso, Enrico Pennings, Jo Seldeslachts. The Dynamics of Research Joint Ventures: A Panel Data Analysis [J]. ISSN Nr. 0722 - 6748, 2007(12).

[343] Michelle S. Goeree, Eric Helland. Do Research Joint Ventures Serve a Collusive Function? [J]. Review of Industrial Organization, 2008(17):81–96.

[344] Pedro L. Mar′n, Georges Siotis. Public Policies Towards Research Joint Venture: Institutional Design and Participants' Characteristics [J]. Research Policy, 2008(37):1057 - 1065.

[345] Jo Seldeslachhts, Tomaso, Duso, Enrico Pennings. On the Stability of Research Joint Ventures: Implications for Collusion [J]. ISSN Nr. 0722–6748, 2008(4).

[346] Eric Maskin, Jean Tirole. Public - private Partnerships and Government Spending Limits [J]. International Journal of Industrial Organization, 2008(26):412 - 420.

[347] H. Kevin Steensma, Jeffrey Q Barden, Charles Dhanaraj, Marjorie Lyles and Laszlo Tihanyi. The Evolution and Internationalization of International Joint Ventures in A Transitoning Economy[J]. Journal of International Business Studies, 2008(39):101–111.

[348] Eric Maskin, Jean Tirole. Public - private Partnerships and Government Spending Limits [J]. International Journal of Industrial Organization, 2008(26): 412 - 420.

[349] Atallah Gamal. Information Sharing and the Stability of Cooperation in Research Joint Ventures [D]. 2002:65–80.

[350] George Messinis. Patent Quality and R&D Productivity in Pharmaceuticals: The Role of Inflation and International Collaboration [D]. 2005:120–153.

[351] Gamal Atallah. Defecting from R&D Cooperation [D]. 2006:87–113.

[352] Rod Falvey. Coordination Costs: A Drawback for Research Joint Ventures? [D]. 2006:59–72.

[353] Nadav Levy. Technology Sharing and Tacit Collusion [D]. 2009:45–76.